U0817863

大家小书

佛教常识答问

赵朴初 著

北京出版集团公司
北京出版社

图书在版编目（CIP）数据

佛教常识答问 / 赵朴初著．— 北京：北京出版社，2018. 1（2024.8重印）
（大家小书）
ISBN 978-7-200-13560-2

Ⅰ. ①佛… Ⅱ. ①赵… Ⅲ. ①佛教—问题解答 Ⅳ. ①B94-44

中国版本图书馆CIP数据核字（2017）第281490号

总策划：安 东 高立志　　责任编辑：韩敬群 邓雪梅

· 大家小书 ·

佛教常识答问

FOJIAO CHANGSHI DAWEN

赵朴初 著

*

北京出版集团公司
北京出版社 出版

（北京北三环中路6号 邮政编码：100120）

网 址：www.bph.com.cn

北京出版集团公司总发行

新华书店经销

北京华联印刷有限公司印刷

*

880毫米×1230毫米 32开本 5.875印张 100千字

2018年1月第1版 2024年8月第3次印刷

ISBN 978-7-200-13560-2

定价：49.00元

如有印装质量问题，由本社负责调换

质量监督电话：010-58572393

总　　序

袁行霈

“大家小书”，是一个很俏皮的名称。此所谓“大家”，包括两方面的含义：一、书的作者是大家；二、书是写给大家看的，是大家的读物。所谓“小书”者，只是就其篇幅而言，篇幅显得小一些罢了。若论学术性则不但不轻，有些倒是相当重。其实，篇幅大小也是相对的，一部书十万字，在今天的印刷条件下，似乎算小书，若在老子、孔子的时代，又何尝就小呢？

编辑这套丛书，有一个用意就是节省读者的时间，让读者在较短的时间内获得较多的知识。在信息爆炸的时代，人们要学的东西太多了。补习，遂成为经常的需要。如果不善于补习，东抓一把，西抓一把，今天补这，明天补那，效果未必很好。如果把读书当成吃补药，还会失去读书时应有的那份从容和快乐。这套丛书每本的篇幅都小，读者即使细细地阅读慢慢地体味，也花不了多少时间，可以充分享受读书的乐趣。如果把它们当成补药来吃也行，剂量小，吃起来方便，消化起来也容易。

我们还有一个用意，就是想做一点文化积累的工作。把那些经过时间考验的、读者认同的著作，搜集到一起印刷出版，使之不至于泯没。有些书曾经畅销一时，但现在已经不容易得到；有些书当时或许没有引起很多人注意，但时间证明它们价值不菲。这两类书都需要挖掘出来，让它们重现光芒。科技类的图书偏重实用，一过时就不会有太多读者了，除了研究科技史的人还要用到之外。人文科学则不然，有许多书是常读常新的。然而，这套丛书也不都是旧书的重版，我们也想请一些著名的学者新写一些学术性和普及性兼备的小书，以满足读者日益增长的需求。

“大家小书”的开本不大，读者可以揣进衣兜里，随时随地掏出来读上几页。在路边等人的时候，在排队买戏票的时候，在车上、在公园里，都可以读。这样的读者多了，会为社会增添一些文化的色彩和学习的气氛，岂不是一件好事吗？

“大家小书”出版在即，出版社同志命我撰序说明原委。既然这套丛书标示书之小，序言当然也应以短小为宜。该说的都说了，就此搁笔吧。

大家为大家讲常识

君　冈

本书的篇幅只有八万多字。作者将内容定位在“常识”上，采用的形式是通俗易懂的“答问”，由此可见，这无疑是一本小书。

但这并不是一本简单的小书，作为佛教协会出版的《法音文库》丛书之一，已经发行了几十万册。尽管薄薄一册，装潢简朴，定价仅六元，但是当年作者住院，江泽民总书记去看望，得到的便是这样的书。据说，江总书记读后曾建议别人都能读一读。

它的影响很大，已经有了日译本、英译本、韩译本、插图本，受到了海内外各界读者的欢迎。

读者和译者对书名有些想法，以为作者是有意谦虚。韩译本的作者韩国大学李法山教授曾向作者提出：“是否可以改名为《佛教答问》？”赵朴初先生说：“我不敢用这个名字，还是'常识答问'好。"本书的序言中作者的一段话说明了他的本意。他说："我喜欢'小题大做'，而不愿'大题小做'，更害怕'有题空做'，这书名很合我的心意。"

作者最初写这本书只是为人们了解佛教知识提供方便，并非想写一本佛学专著，它实实在在是一本"大家"为大家写的小书。

"大家"这个词一般有两种含意：一是大伙，众人；二是著名的专家。赵朴初先生写过不少诗、词、曲、联、韵文，人们往往在肯定他是爱国宗教领袖、社会活动家、佛教大护法的同时，称他为诗人、书法家，而对他在佛学研究方面也是一位大家却很少提及。我想原因或许就在于他没有等身的著作，不四处讲学，在佛学界也并无桃李，所有的只是这么一本小书。

其实，这本小书已足以证明他是一位大家。

首先，佛教历史源远流长，教理教义高深含蓄，经典著作浩如烟海，能够如此深入浅出地将其概括成为"常识答问"，没有高深的功底难以做到。

其次，就宗教来说，它包含信仰、文化、实体三个方面。三者既是统一的，也因其立足点、出发点不同，在看法、说法上也有不同。赵朴初先生写这本书的时候，社会还没有今天这样开放、活泼的空气，人们对宗教还有许多误解、曲解之处，“左”的影响也很严重。作者能本着讲事实、不渲染的精神，就佛教的教义、历史、现状做出客观的阐述，努力做到不谀不谤、不偏不倚，非大家不能为。

以作者的身份，用如此通俗易懂的答问手法，平平常常的“常识”书名，来编写这样一本书，并不因其题小而不大做，尽管他对于佛法认识甚深，仍然认真考证，请教高僧，真正体现了大家风范。

赵朴初先生历世九十三年，一生中读书不下万卷，行路何止万里，结交难以计数，经历错综复杂，以他的智慧、胸怀、阅历，应该给我们留下巨著。但除了尚待整理的诗、词、曲、联、韵文、讲话稿外，能读到的只有《滴水集》、《片石集》和这本小书，这不能不说是一种遗憾。但能选入“大家小书”供读者阅读，名实相符，非常合适。这也是一件因缘殊胜、功德无量的事。

2002年秋

目　录

序

这本书是我三十多年前开始写的，因为事务冗忙，时作时辍。原来计划，除现在的五章外，还有三章是有关中国与外国佛教关系史的，因佛教协会已有这方面资料的编辑和著作，所以不重复了。

我写成第一章后，曾以《楞严经》“如人饮水，冷暖自知”这句话用“饮水”的笔名陆续在《现代佛学》杂志上发表。有一位朋友问我：“你为什么用这样一个小题目？”我说：“我喜欢‘小题大做’，而不愿‘大题小做’，更害怕‘有题空做’。”这本英译的书名很好，很合我的心意。

几年前，一位青年僧人用日文翻译这本书，我应他的要求写序时，曾记下与本书有关的一件事：1957年我陪一位柬埔寨僧人见毛泽东主席，客人未到之前，我先到了，毛主席便和我漫谈。他问：“佛教有这么一个公式——赵朴初，即非赵朴初，是名赵朴初，有没有这个公式呀？”我说：“有。”主席再问：“为什么？先肯定，后否定？”我说：“不是先肯定，后否定，而是同时肯定，同时否定。”谈到这里，客人到了，没有能谈下去。后来，我在写这本书的第二章时，想起这一次未谈完的问答，我想，书中谈到缘起性空的思想，可能补充了当时我在毛主席面前所想讲的话。

我曾看到一本毛主席的勤务员李银桥写的书。有一天，毛主席在延安出门散步，毛主席对李银桥说：“我们去看看佛教寺庙，好不好？”李银桥说：“那有什么看头？都是一些迷信。”毛主席说：“片面片面，那是文化。”我因而想起“文化大革命”结束后，周建人先生写信给我说，“文革”初期范文澜先生向他说，自己正在补课，读佛书。范老说，佛教在中国将近两千年，对中国文化有那么深厚的关系，不懂佛教，就不能懂得中国文化史。1987年，我到四川一个佛教名胜地方看到被人贴迷信标语的事实，回来写了一份报告，钱学森博士看见了，写信给我说：“宗教是文化。”

这三个人，一是伟大的革命家，一是著名的历史学家，一是当代的大科学家，所见相同，都承认佛教是文化，而今天还有不少人的认识水平和当年李银桥的一样。

我最初写这本书的动机只是为了和外国朋友谈话时，翻译人员因缺乏佛教知识而感到困难，想为他们提供一些方便。但这许多年来，得到国内不少人的关怀、鼓励，也得到一些外国朋友的注意。事实说明，这一本小书对于增进人们对佛教的了解，增进国际朋友对中国佛教的了解，不无少许贡献。

我感谢译者为此书所付出的宝贵的心力。我虔诚期待国际朋友对于此书内容给予指教。①

① 此序为1998年6月赵朴老为韩文版、英文版所作的序。——编者注

第一章　佛陀和佛教的创立

问：什么是佛教？

答：佛教，广义地说，它是一种宗教，包括它的经典、仪式、习惯、教团的组织等等；狭义地说，它就是佛所说的言教；如果用佛教固有的术语来说，应当叫做佛法（Buddha Dhamma）。

问："法"是什么意思？

答："法"字的梵语是达磨（Dharma）。佛教对这个字的解释是："任持自性、轨生物解。"这就是说，每一事物必然保持它自己特有的性质和相状，有它一定轨则，使人看到便可以了解是何物。例如水，它保持着它的湿性，它有水的一定轨则，使人一见便生起水的了解；反过来说，如果一件东西没有湿性，它的轨则不同于水的轨则，便不能生起水的了解。所以佛教把一切事物都叫做"法"。佛经中常见到的"一切法”、“诸法”字样，就是“一切事物”或“宇宙万有”的意思。照佛教的解释，佛根据自己对一切法如实的了解而宣示出来的言教，它本身也同样具有“任持自性、轨生物解”的作用，所以也叫做法。

问：佛是神吗？

答：不，佛不是神。他是公元前6世纪时代的人，有名有姓，他的名字是悉达多（S.Siddhārtha，P.Siddhattha），他的姓是乔达摩（S.Gautama，P.Gotama）。因为他属于释迦（Sākya）族，人们又称他为释迦牟尼，意思是释迦族的圣人。

问：为什么称他为佛呢？佛的意义是什么？

答：“佛”字是“佛陀”的简称，是Buddha的音译（如果用今天的汉语音译，应当是“布达”），佛陀的意义是“觉者”或“智者”。“佛陀”是印度早就有了的字，但佛教给它加了三种涵义：（1）正觉（对一切法的性质相状，无增无减地、如实地觉了）；（2）等觉或遍觉（不仅自觉，即自己觉悟，而且能平等普遍地觉他，即使别人觉悟）；（3）圆觉或无上觉（自觉觉他的智慧和功行都已达到最高的、最圆满的境地）。

问：除释迦牟尼外，有没有另外的佛？

答：佛教认为过去有人成佛，未来也会有人成佛，一切人都有得到觉悟的可能性，所以说："一切众生，皆有佛性，有佛性者，皆得成佛。"

问：如来佛是不是释迦牟尼，还是另一人？

答："如来"这个名词是从梵语Tathāgata译出来的。"如"字就是"真如"（Tathāta），即一切法（事物）的真实状况，它又包含"如实"（Yathābhūtam）的意义。佛经对"如来"的解释是："乘真如之道而来"，又说"如实而来"。"如来"是一个通用名词，它是"佛陀"的异名。如释迦牟尼佛，可以称释迦牟尼如来；阿弥陀佛，可以称阿弥陀如来。

阿弥陀佛像
（陕西彬县大佛寺石窟大佛洞雕塑）

问：阿弥陀佛和释迦牟尼佛不是一个人吗？

答：不是。阿弥陀佛是另外一个世界上的佛。阿弥陀佛是梵语Amitābha的音译，意义是“无量的光明”。

问：“南无佛”是什么意思？为什么读起来是“那摩佛”？

答：“南无”是梵语Namo的音译，念成“那摩”，是保持原来古代的读音。现代广东、福建一部分地区，仍保持这个古音。它的意义是“敬礼”。今天印度人相见，互道“那摩悉对”，就是说“敬礼了”。

问：释迦牟尼的一生可以简略介绍一下吗？

答：可以。释迦牟尼的时代，约当公元前6世纪中叶，正是我国春秋时代，与孔子同时。他是当时迦毗罗卫国（Kapilavatthu）国王的长子。父亲名净饭（Suddhodana），母亲名摩耶（Māyā）。摩耶夫人生产前，根据当时风俗，回到母家去，路过蓝毗尼花园（Lumbinī），在树下休息的时候，生下了悉达多王子。

问：蓝毗尼花园现在还有遗址留存下来吗？

答：公元7世纪时，我国玄奘法师曾到过蓝毗尼。根据他的记载，他曾经看到在他之前八百多年阿育王（Asoka）在那里建立的石柱，标志着佛陀诞生之处，但当时石柱已被雷击破，柱头倒在地下，已经是衰落的情景了。后来由于没有人能够识得

尼泊尔蓝毗尼花园遗址

柱上的文字，因此佛陀诞生的地址久已湮没无闻。直到1897年才被人发现了阿育王的石柱，考古家认出上面的文字，这才发掘出蓝毗尼园的遗址，在附近并且发掘出古代的市镇，其中有些可以相信是属于当时的迦毗罗城的。今天尼泊尔政府已经把这个地方作为圣地加以建设和保护。

问：释迦牟尼幼年教养情况是怎样？

答：摩耶夫人产后不久就死了。幼年时代的释迦牟尼是由他的姨母波阇波提夫人（Prajāpati）养育的。他自小从婆罗门学者们学习文学、哲学、算学等等，知识很广博；又从武士们学习武术，是一个骑射击剑的能手。他父亲净饭王因为他天资聪慧，相貌奇伟，对他期望很大，希望他继承王位后，建功立业，成为一个“转轮王”（统一天下的君主）。

印度劳里亚南丹加尔的阿育王石柱

问：那么，他后来为什么不继承王位呢？

答：悉达多王子在幼年的时候，就有沉思的习惯，世间许多现象，给他看到，都容易引起他的感触和深思：饥渴困乏、在烈日下耕田的农人，绳索鞭打、口喘汗流拖着犁头耕地的牛，蛇虫鸟兽弱肉强食的情景，衰丑龙钟的老人，辗转呻吟的病人，亲朋哭泣送葬中的死人，这些都促使他思索着一个问题——如何解脱世界的苦痛。他读过的《吠陀书》（Veda，婆罗门经典）不能解决他的问题，他学到的知识和他未来的王位、权力也都不能解决他的问题。于是他很早就有了出家的念头，后来终于舍弃了王位。

问：他父亲怎么会让他出家呢？

答：净饭王发觉了他儿子的心思后，曾经想过各种办法阻止他，特别是企图从生活的享受上羁縻他。悉达多王子十六岁时，净饭王便为他娶了邻国的王女耶输陀罗（Yasodharạ̄）为妃，生了一个儿子叫罗睺罗（Rạ̄hula）。但是这一切都没有能够阻止他，终于在一天夜深人静的时候，他偷偷地出了国城，进入一个森林中，换去王子的衣服，剃去须发，成为一个修道者。关于他出家时的年龄，有两种不同记载，一说是十九岁，一说是二十九岁。

问：出家以后的情形怎样？

答：他父亲曾尽力劝他回去无效，只好在亲族中选派五个人随从他一起，这五个人的名字是：憍陈如（Kaundinya，P.Koṇḍ añña），跋提（Bhadrika，P.Bhaddiya），跋波（Vāṣpa，P.Vappa），摩诃男（Mahanāma，P.Mahānāma），阿说示（Asvajit，P.Assaji）。悉达多王子和他的侍者们先后寻访当时三个有名的学者，从他们学道，但都不能满足他的要求。于是他知道当时哲学思想中没有真正解脱之法，便离开了他们，走到尼连禅河（Nairañjanā，

P.Nerañjarā，现在叫做Lilaian）岸边的树林中，和那里的苦行人（极端刻苦修行的人）在一起。为了寻求解脱，他尝够了艰苦辛酸，坚持不懈，经历六年之久。但是结果徒劳无功，方才悟到苦行是无益的。他于是走到尼连禅河里去沐浴，洗去了六年的积垢，随后受了一个牧女供养的牛奶，恢复了气力。当时随从他的五个人见到他的情景，以为他放弃了信心和努力，便离开了他，前往波罗奈城（Benares）去继续他们的苦行。王子于是一个人走到一棵毕钵罗（Pippala）树下，铺上了吉祥草，向着东方盘腿坐着，发誓说："我今如不证到无上大觉，宁可让此身粉碎，终不起此座。"他便这样在树下思维解脱之道，终于在一个夜里，战胜了最后的烦恼魔障，获得了彻底觉悟而成了佛陀。

问：释迦牟尼成佛处，现有遗迹留存吗？

答：释迦牟尼成佛处，自古称为菩提道场或菩提伽耶（Buddhagayā）。那里的毕钵罗树，因为佛坐在树下成道的缘故，得到了菩提树之名。从此，所有毕钵罗树都叫做菩提树。"菩提"就是"觉"的意思，菩提伽耶在今天印度比哈尔省伽耶城（Gayā）的南郊。那棵菩提树在二千数百年中曾两次遭到斫伐，一次遭风拔，但都重生了新芽，现在的菩提树是原来那棵树的曾孙。树下释迦牟尼坐处有石刻的金刚座。树的东面有一座宏伟庄严的塔寺，名叫大菩提寺，至今约有一千八百多年的历史，附近还有许多佛的遗迹和古代石刻与建筑。1956年，印度比哈尔省政府为了这个圣地的建设和管理，设立了一个国际性的咨询委员会。中国佛教协会接受了邀请，指派了两名代表参加该会。

问：释迦牟尼成佛后的事迹，可以简略地谈一谈吗？

答：释迦牟尼成佛的年龄，也有不同的记载，有的说三十岁，有的说三十五岁。此后五十年（或四十五年）中，直到他八十岁逝世前，他没有间断过他的说法工作。他到处游行，向大众宣示他自己证悟的真理。他最初到波罗奈城去找离开了他的五个侍者，为他们说法。佛教把佛陀第一次说法，叫做“初转法轮”。

问：“转法轮”是什么意思？

答：“轮”（Cakra），是印度古代战争中用的一种武器，它的形状像个轮子。印度古代有一种传说，征服四方的大王叫做转轮王，他出生的时候，空中自然出现此轮，预示他的前途无敌。这里以轮来比喻佛所说的法。佛的法轮出现于世，一切不正确的见解、不善的法都破碎无余，所以把说法叫做转法轮。佛初转法轮处是鹿野苑（Sārnāth），在今天波罗奈城。经过近代的发掘，鹿野苑发现了不少有价值的文物。有阿育王的石柱，有公元4世纪石刻的佛初转法轮像等等，并且发掘到古代塔寺的遗址。鹿野苑现有佛寺、博物馆和图书馆，都是近几十年来陆续兴建起来的。佛初转法轮处的鹿野苑和佛诞生处的蓝毗尼园、佛成道处的菩提伽耶、佛逝世处的拘尸那伽（S.Kuśinagara，P.Kusināra），是佛教四大圣迹。值得指出的是：近代学者们对这些圣迹以及其他一些古迹的发掘和修复，主要都是根据我国古代高僧法显、玄奘等的记载。

问：佛初次说法的地方为什么要比其他说法的地方看得重要呢？

答：佛在鹿野苑初转法轮这件事是佛教的一件大事。从那时起，开始建立了佛教；从那时起，开始具足了三宝。

问：“三宝”是什么？

答：佛陀是佛宝，佛所说的法是法宝，佛的出家弟子的团体——僧伽（Saṅgha）是僧宝。称之为宝，是因为它能够令大众止恶行善、离苦得乐，是极可尊贵的意思。佛初转法轮，憍陈如等五人都归依佛，出家为弟子，于是形成了僧伽。所以说，从那时起开始具足了三宝。

问：什么叫做归依？

答：归依的意思是：身心归向它、依靠它。归依三宝的人是佛教徒。“归依”也可以写成“皈依”，“皈”与“归”的读音和意义相同。

问：佛在世的时候，归依的人多吗？

答：是的，佛初转法轮后从鹿野苑到摩揭陀国（Magadha）去的一路上，受到他的教化而归依的人就很多。其中有拜火教的婆罗门姓迦叶的三兄弟，都改变了原来的信仰，率领他们的弟子一千多人归依了佛教。佛到了摩揭陀国首都王舍城（Rājagrha）后，归依的人更多。其中最有名的出家弟子有舍利弗（Sāriputta）、摩诃目犍连（Mahāmoggallāna）、摩诃迦叶（Mahākassapa）等人。后来佛回到故乡去，他的异母弟难陀（Nanda）、堂兄弟阿难陀（Ānanda）、提婆达多（Devadatta）和他儿子罗睺罗等都随他出了家。还有宫廷中一个剃发工奴优波离（Upāli）也出家加入了僧团，后来成为有名的佛教戒律学大师。佛的姨母波波提也归依了佛，是第一个出家女弟子。至于不出家而归依三宝的弟子则为数更多。佛的出家弟子，男的叫比丘（Bhikkhu），女的叫做比丘尼（Bhikkhunī）；在家弟子，男的叫做邬波索迦（Upāsaka），女的叫做邬波斯迦（Upāsikā），合称为四众弟子。

问：释迦牟尼一生游行教化的区域，是哪些地方？

答：根据记载和发掘的资料，佛自己足迹所到的地方，主要是中印度。他的弟子们分到四方游化，可能更远一些。但是斯里兰卡和缅甸都有佛曾经到过并留下足印的传说。佛居住的地方以摩揭陀国的王舍城和拘萨罗国（Kosala）的舍卫城（Sāvatthī）的时间为最多。在王舍城外有一个竹林，是频毗娑罗王（Bimbisāra）献给佛和僧众居住的，后人称为竹林精舍。在舍卫城有一个林园是当地一个富商须达多（Sudatta）和拘萨罗国王子祇陀（Jeta）共同献给佛的，后人称为祇园精舍。佛常往来两处，所以竹林、祇园并为说法的重地。王舍城南面的灵鹫山（Gijjhakūṭa）也是佛常和弟子们说法的地方。佛逝世前由王舍城北行到毗舍离（Vesālī）城（今印度比哈尔省境内），又由毗舍离向西北行，最后到了拘尸那伽（今印度联合省伽夏城Kasia），佛是在拘尸那伽逝世的。现在佛逝世处，发掘出佛遗体火化的地方和石刻的佛涅槃像以及其他古迹。印度政府为了纪念佛涅二千五百年，曾对这个圣地予以必要的修复和建设。

问：什么叫做“涅槃”？

答：现在暂不详细解答，这里可简单解释为“逝世”。

问：佛涅槃前后的情形是怎样？

答：佛在毗舍离城的时候，已经有了重病，在那里度过雨季后，偕弟子们向西北走去，路上受了铁匠纯陀（Cunda）供献的食品，病更加剧。最后走到拘尸那伽一条河边，洗了澡，在一处四方各有两棵娑罗树的中间安置了绳床，枕着右手侧身卧着。后来所有卧佛像（即佛涅槃像）都是这样的姿势。佛告知弟子们将要涅槃，弟子都守候着。夜间有婆罗门学者须跋陀罗（Subhadda）去见佛，阿难陀想挡住他，佛知道了，唤他到床前为他说法，于是须跋陀罗成了佛的最后的弟子。佛在毗舍离临出发前和在途中为弟子们作了多次的教诲，到了那天半夜逝世前又最后嘱咐弟子不要以为失去了导师，应当以戒为师，

印度菩提伽耶大塔

要努力精进，不要放逸。

佛逝世后，遗体举行火化。摩揭陀国人和释迦族等八国将佛的舍利分为八份，各在他们的本土上建塔安奉。其中摩揭陀国安奉在菩提伽耶的一份，到公元前3世纪，被阿育王取出，分成许多份送到各地建塔。1898年，考古家在尼泊尔南境发掘迦毗罗国故址，发现一舍利塔，塔内藏有石瓶石函等物；有一瓶放在铁和水晶层叠的函内，里面有黄金花，花上安放着佛骨。从函上刻的文字知道，这就是释迦族供养的佛的舍利。

问：舍利是什么？

答：舍利（Sarīra）就是遗体，但这个名称一般只用于佛和有德行的出家人的遗体。

问：塔是做什么用的？

答：“塔”又称“塔波”，是梵语Stūpa（P.Thūpa）省略的音译，完整的音译是“窣堵波”，意义是“高显”或“坟”。塔一般是藏舍利的，也有不藏舍利而作为标志纪念之用的。

问：佛涅槃的年代，有没有不同的计算？

答：关于佛涅槃的年代，东南亚佛教徒一般认为是公元前545年，所以1956年和1957年各国都举行佛涅槃二千五百年盛大纪念。我国关于佛涅槃年代有很多不同的说法，一般公认的年代是公元前486年，与南传佛历相差五十九年。

问：佛的涅槃日是哪一天？

答：我国一般认为农历二月十五是佛涅槃日，四月初八是佛诞生日，十二月初八是佛成道日。南方各国则以公历五月月圆日（相当于我国农历四月十五日）为佛节日（Vesākhā），认为佛诞生、成道、涅槃都在这一天。

问：听了上面的谈话，对释迦牟尼佛的一生事迹已经有了轮廓的了解。现在想请您谈一谈当时佛教创立的历史背景。

答：这是一个较难的问题，因为第一关于印度古代历史资料缺乏，第二我自己在这方面少研究。但是我仍然愿意将一些我所知道的材料和所想到的线索，提供你参考、研究和判断。

问：很好。我认为，任何宗教和思想都是历史的产物，能够了解一些当时社会的情况，是有助于对佛教的了解的。希望您就几个主要的问题谈一谈，能说明一个大概就行了。

答：先从当时的形势谈起吧。你知道古代印度曾经有一个区域叫做“中国”吗？

问：这倒不知道。那是在印度的什么地区？

答：大约三千五百年到四千年前，雅利安（Ārya）人逐渐由中亚细亚进入印度河流域，征服了那里的土著民族，并且吸收了他们的文明，在那里定居下来，建立了好些国家。因为长期成为雅利安人政治文化的中心（也就是婆罗门文明的中心），当时那个地区被称为“中国”（Madhya Deśa）。至于东方和南方的恒河流域的广大地区，则被称为是化外的“边地”。但是到了释迦牟尼时代，形势有了很大的改变。原来“中国”地方的国家已经开始衰落，而东南边地的国家则勃然兴起。释迦牟尼居住最久、教化最盛的摩揭陀国就是当时新兴的霸国。这时候，文明的中心已经转移到摩揭陀国的王舍城、拘萨罗国的舍卫城、跋耆国的毗舍离城等新都市，其中王舍城尤为重要。

问：这些新兴国家除了实力强盛之外，在社会、经济、文化方面有没有什么特点？

答：据我初步的研究，有三种情况值得一提：（1）在种族问题上，矛盾的增多；（2）在经济问题上，社会生产力的发展；（3）在思想上，反婆罗门教义的新思想的兴起。这三种情况都反映在“种姓制度”问题上。

问：什么是种姓制度？

答：种姓制度是雅利安人进入印度之后创立的。“种姓”这个词儿是从梵语“Varṇa”（P.Vaṇṇa）翻译过来的，它的原来的字义是“颜色”或“品质”。照他们的说法，肤色白的雅利安人是品质高贵的种族，深色皮肤的达罗毗荼（Dravida）

族和其他土著民族是品质低贱的种族。这种制度原来是用以划分雅利安人和非雅利安人的界限的。后来随着工作和职业的分化的发展，本来用以划分雅利安人和非雅利安人的种姓差别，也在雅利安人自己中间起了反映，于是有四姓（四个种姓）的划分。最高的种姓是婆罗门（Brāhmaṇa），是掌握祭祀文教的僧侣阶级（到后来婆罗门也可以当国王）；其次是刹帝利（Kṣatriya），是掌握军政的国王和武士阶级；再其次是吠舍（Vaiś-ya），是商人、手工业者，也有从事农耕的农民阶级；最下的种姓是首陀罗（Śūdra），是农人、牧人、仆役和奴隶。前三者是雅利安人，后者是非雅利安人。各种姓有它的世袭的职业，不许被婚姻混乱，尤其严禁首陀罗和别的种姓混乱。对首陀罗男子和别的种姓女子结合所生的混血种，特别订有法律，给予一种贱名，如首陀罗男子与婆罗门女子的混血种名为旃陀罗（Caṇ-ḍāla）。他们的地位最低贱，不能与一般人接触，被称为“不可触者”。这种人世世代代操着当时认为下贱的职业，如抬死尸、屠宰、当刽子手之类。种姓制度不仅订在法律里面，而且神圣不可动摇地规定在宗教教义和教条中。在婆罗门教势力强盛的“中国”地方，种姓制度最严格。

问：*在新兴国家地方也有种姓制度吗？*

答：随着雅利安人势力的扩展，这些国家都不能不受到婆罗门文化的影响，当然也都存在着种姓制度，但种姓制度所遇到的困难就比较多得多。第一，在这些国家里，土著人占的比率大；第二，雅利安与非雅利安种族混合情况比较普遍；第三，为了巩固雅利安人在那些地方的统治，有不少土著部族的首领通过入教仪式被安排在刹帝利种姓之列。在种姓制度下，统治阶层的婆罗门和刹帝利之间一向存在着矛盾，尤其是非雅利安人的刹帝利对婆罗门的优越地位的反抗，更加显著。据研究，摩揭陀国的人多半是吠舍和首陀罗的混血种，婆罗门法典认为他们是半雅利安、半野蛮的下等种族。后来统一印度的摩揭陀国阿育王，据说就是首陀罗的血统。在这种环境中，反对婆罗门种姓制度教义的学说，容易为大众所接受和欢迎，而释迦牟尼倡导的“四姓平等”之说，事实上反映着当时那些新兴国家的人民对种姓制度的不满。

问：*释迦是不是雅利安种？*

答：关于释迦的种族问题，有不同的说法。有的说是蒙古种，有的说是雅利安种。但是从当时的地理看，迦毗罗国地处僻远，又是小国（有人研究，认为它当时是拘萨罗国的附庸国），因此它的王族不是雅利安种的可能性较大，而且佛经上不止一次说释迦牟尼的身体是紫金色的，这可以为释迦族不属于白色的雅利安种的一个论据。

问：能不能说当时种姓制度问题上的矛盾纯粹是种族的矛盾？

答：不能那么说。据我看，它还反映着当时社会生产力的发展所带来的矛盾。

问：释迦牟尼时代印度的社会是不是奴隶社会？

答：近代在印度河流域的发掘，证明在公元前3500—前2750年之间，那里的土著民族（可能就是达罗毗荼族），早已有了惊人的城市文明。他们有城市规划，有下水道；有两三层砖建楼房，有公私浴室；街道上有货摊和店铺，有纺织业和陶业。这个事实推翻了西方学者们一向认定印度文明是雅利安人带来的说法，事实上是游牧民族的雅利安人接受了土著的高级文明。根据发掘的材料来看，当时的土著民族已经进入了奴隶社会，而且可以断定他们有了相当发达的农业。至于雅利安人定居下来很长时期（约一千年）以后，到了种姓制度确立了的时期，那里的社会是否仍然是奴隶社会，值得研究。从婆罗门的法典看来，首陀罗并不是奴隶，只是有一部分人当奴隶，而奴隶只是从事杂役劳动，在生产部门很少参加，显然奴隶不是主要生产者，因此很难断定当时是奴隶社会。

问：据您看当时是什么制度的社会呢？

答：佛经中的资料记载，当时国王每年有一固定的日期，在自己的田地里举行亲耕仪式，人民都在替他耕田。这与婆罗门的法典规定的靠自己劳动为生的首陀罗人要以劳动向国王纳税的条文相合。根据我国古代译师的注释，“刹帝利”的原来字义是“田主”。从这个线索来推断，似乎“种姓”制度开始完备地确立的时期，印度已经进入了封建领主统治的农奴社会。而到了释迦牟尼时代，在新兴的国家里，情形又有所演变。根据佛经的资料，当时的商业很发达，有相当规模的陆运和航运的商队，商人掌握着雄厚的经济力量，例如把一座林园送给佛的大富商须达多，他有力量以黄金布地和拘萨罗的王子比富。手工业也很发达，有细密的分工，自由经营的小工商业在生产上占重要地位。当时有了纳税的自由农民，有佃农。可以设想，在吠舍人和首陀罗人混合种族的新兴国家里，刹帝利可能不是领主，而是新兴地主阶级的代表。印度在公元前一千年间已经有了铁器，到这时期，铁制农业器具更已普遍使用，农业上生产力有了很大的发展。在当时的经济情况下，封建领主的割据，是不利于商业、手工业，特别是农业的发展的。历史证明，统一兴修水利和灌溉系统是促成阿育王统一印度的重要原因。虽然阿育王是佛逝世二百年以后的人，但是佛在世时，人们就有“转轮王统一天下”的理想。佛幼年时，他的父王和国人曾期望他做转轮王。佛虽然舍弃了王位，但是他也推崇转轮王这样的理想人物。“转轮王”思想，实际是反映着当时一般人要求有一个中央集权政府来代替领主割据的愿望，这个要求和愿望必然和种姓制度发生冲突。

问：释迦牟尼和婆罗门、刹帝利的关系怎样？

答：释迦牟尼是公开宣布反对婆罗门教义的，所以一生遭到婆罗门攻击的事很多。但是也有不少婆罗门教徒和学者改变了原来的信仰而归依了他。婆罗门人受了佛教的刺激，就有了《摩奴法典》的出现。这部法典一方面固然是为了维护种姓制度，一方面也可能作了一些修正。在《摩奴法典》里攻击佛教的文句虽不明显，但后出的《述记氏法论》则把攻击佛教的态度明白地表示出来。至于佛和刹帝利的关系，你知道，佛是出身于刹帝利种姓的。当时佛所游化的那些国家的国王们，如摩揭陀国的频毗娑罗王、拘萨罗国的波斯匿王等，都是他的信徒和有力的支持者；后来阿育王更大弘佛法。应当说，新兴国家的刹帝利对佛是极其尊重信仰的。值得注意的是，佛经中提到四姓时，改变了原来以婆罗门为首的次序（即婆罗门、刹帝利、吠舍、首陀罗），而把婆罗门放在刹帝利之后，这是违反传统习惯的，由此也可以看出他贬抑婆罗门地位的态度。

问：释迦牟尼和平民的关系怎样？

答：释迦牟尼教化的方式是接近平民的。他说法不用婆罗门的雅语，而用当时平民的俗语，就是一个例子。前面说过释迦牟尼曾经接受一个首陀罗人优波离为弟子，佛的兄弟和儿子在僧团内行次在他之下，他们都得向优波离礼拜。对一般人不肯接触的旃陀罗人，佛和弟子们平等接受他们的供养。佛曾经设法和一个不敢见他的旃陀罗人相见，并为他说法。佛对待所有不幸的人都是这样，他的弟子中有乞丐，也有妓女。有一次，佛谢绝了国王的邀请，而到一个不幸的堕落的女人那里去应供。在古代印度社会里，妇女的地位和奴隶差不多。佛接受妇女为出家弟子，让她们参加僧团的事实，被认为是宗教史上一个很大的革命举动。

问：佛虽然对不幸的人们表示同情，但是他没有教他们向统治者进行反抗，不是吗？

答：诚然，佛没有教他们以怎样的实际行动反抗统治者。佛主要教导人们断除内心的烦恼，以求解脱。同时又说现世止恶行善的因，会获得来世安乐的果，在这方面可以说，佛对现实生活问题，是抱着容忍的态度的。但是，他在思想上推倒了婆罗门的神权，宣布众生平等，说出“诸法无常”的真理，对当时的社会起了进步的作用。

问：当时思想界的情况怎样？

答：和我国春秋战国时代相仿佛，当时印度思想界也正处在一个“百家争鸣”的时期。总的说来，当时思想界有两大潮流，一个是正统的婆罗门教思想的潮流，一个是异端的反婆罗门教思想的潮流，佛教属于后者。

问：婆罗门教的基本思想是什么？

答：婆罗门教是多神教，而又带着一神教的色彩，崇拜各种自然的神祇，盛行祭祀祈祷以招福禳灾，而以梵（Brahmā）为创造宇宙万物的主宰。梵从口生出婆罗门，从肩部生出刹帝利，从腹部生出吠舍，从足部生出首陀罗，以此定四姓的贵贱，这就成为种姓制度的根据。人应当服从梵天的意旨，因此应当信奉《吠陀经》，奉事婆罗门，严格遵守种姓制度。后来婆罗门教义有所发展，它把“梵”抽象起来作为宇宙的本体，或宇宙生起的最高原理；一方面又从个人观察，认为“我”是个人的主宰和本体，人的身体由“我”而生，人的活动由“我”而起，外界万物也都因“我”而存在。由此推论出“我”与“梵”本来不二，人所应当努力的就是经过修行以达到梵我一致的境地，这样才能免去轮回之苦而得到大自在。

问：当时反婆罗门教的思想有多少派别？

答：根据佛经所说有九十六种之多，最特出的有六个教派，佛经称这些教派的创立者为六师。其中一个就是耆那教（Jaina）的始祖尼乾子（Niganṭha Nātaputta），其余五人是富兰那迦叶（Purāṇa Kassapa）、末迦梨（Makkhali Gosāla）、阿耆多（Ajita Kesakambala）、婆鸠多（Pakudha Kaccāyana）、散若夷（Sañjaya Belaṭṭhiputta）。除耆那教现还存在、有典籍可考外，其余五人都没有正式记载，现在只能从反驳他们学说的其他教派典籍中看到一鳞一爪。他们有的是否认因果关系的怀疑论者；有的主张纵欲；有的主张苦行；有的认为人由四大（地、水、火、风四元素）组合而成，死后四大分散，归于断灭，否认来世，是唯物论者。

问：佛教和各教派的关系怎样？

答：佛教一方面批判婆罗门教义，同时也反对非婆罗门教的各教派。但是佛教和婆罗门教以及各教派的思想都有渊源，佛教接受了他们的某些思想，而根据“缘起”和“业”的理论，予以另一种解释。如“三世因果”（前世造因，今世受果，今世造因，来世受果）、“六道轮回”（随着自己善恶行为，或生天界而为天人，或生人界而为人，或为阿修罗——一种和天人差不多的好战斗的神，或为畜生，或为鬼，或堕地狱。一切众生永远升沉于天、人、阿修罗、地狱、鬼、畜生六道中，犹如车轮没有始终地转着，所以叫做轮回）、“四大和合”（地、水、火、风四元素）等等，并接受了关于天文地理的某些传统说法。

对婆罗门教的神祇，佛教也没有否定他们的存在，只是贬抑他们的地位，当做一种众生看待，认为他们也不免轮回生死之苦。如对于梵天，认为只是天界中的天人，将来也会堕地狱。关于这些，以后还可以谈。

第二章　佛法的基本内容和佛教经籍

问：佛法的基本内容是什么？

答：我前面说过释迦牟尼当初出家的目的是为了寻求解脱生老病死等痛苦之道。当时印度许多教派都是有最后解脱的理想的。佛教教义的基本内容简单地说来，就是说世间的苦（苦谛Dukkha-sacca）和苦的原因（因谛或称集谛Samudaya-sacca），说苦的消灭（灭谛Nirodha-sacca）和灭苦的方法（道谛Magga-sacca）。佛教经籍非常繁多，其实不超出这四圣谛（Cattāri-ariya-saccāni，谛的意义就是真理），而四谛所依据的根本原理则是缘起论（Paṭiccasamuppāda）。佛教的所有教义都是从缘起论这个源泉流出来的。

问：缘起是什么意思？

答：“缘起”即“诸法由因缘而起”。简单地说，就是一切事物或一切现象的生起，都是相待（相对）的互存关系和条件，离开关系和条件，就不能生起任何一个事物或现象。因（Hetu）、缘（Paccaya），一般的解释，就是关系和条件。佛曾给“缘起”下了这样的定义：

> 若此有则彼有，若此生则彼生；
> 若此无则彼无，若此灭则彼灭。

这四句就是表示同时的或者异时的互存关系。

问：什么是同时的互存关系？

答：举一个简单例子来说明。如师生关系：有老师则有学生，有学生则有老师，无老师则不成其为学生，无学生则不成其为老师。这是同时的互相依存的关系。

问：什么是异时的互存关系？

答：如种子和芽的关系：因为过去先有了种子，所以今天才能有芽生；也因为今天有芽生，过去的种子才名叫种子，这是异时的互相依存的关系。从另一方面看，种子灭的时候也正是芽生的时候，芽生的时候也正是种子灭的时候。在这里，芽和种子的生与灭现象又是同时的互存关系。总之，无论其为同时或异时，一切现象（法）必然是在某种互相依存的关系中存在的，没有任何一个现象可以说是绝待（绝对）的存在。

问：异时的互存关系是否就是因果关系？

答：照佛教的说法，所谓互存关系，都是因果关系。从异时的互存关系来说，种子是因，芽是果，这是异时因果。从同时的互存关系来说，如以老师为主，则老师是因，学生是果；如以学生为主，则学生是因，老师是果，这是同时因果。这当然是简单地举例，其实因果关系是极其错综复杂的。从这一个角度看，这样的因产生这样的果；从另一个角度看，同是这个因会产生另外的果。如某甲，从师生关系看，他是乙的老师；从父子关系看，他是丙的父亲；从夫妻关系看，他是丁的丈夫。以甲为因，则乙丙丁和其余一切都是果，由此而看出一因多果；以其余一切为因，则甲是果，由此而看出多因一果。实际上，没有绝待的因，也就没有绝待的果。世界就是这样由时间上无数的异时连续的因果关系，与空间上无数的互相依存关系组织的无限的网。

问：听说北京西山佛牙舍利塔，砖上和露盘上刻有经文，都是讲缘起的教义的，是吗？

答：是的，那是辽代建的塔。砖上刻着一首缘起偈（偈，是偈陀Gāthā的简称，意思就是诗或颂）：

诸法因缘生，缘谢法还灭。

吾师大沙门，常作如是说。

露盘上刻的是这首偈的梵文。其实，不止是这座塔，古代佛塔一般都刻着这首偈当做舍利供奉。因为佛说过“见缘起即见法，见法即见佛”。所以这首偈被称为法身舍利偈，这也是说明缘起教义在佛教中的重要地位。缅甸近年拆修一座古塔，砖上也刻着这首偈的巴利文：

Ye dhammā hetu-ppabhavā

tesaṃ hetuṃ Tathāgato āha

tesañ ca yo nirodho

evaṃ vādī mahāsamaṇo

问：缘起偈是谁作的？

答：是佛的弟子阿说示（Assaji，最初五比丘之一，意译是“马胜”）说出的。有一天马胜比丘在托钵行乞的时候，遇见了婆罗门大学者舍利弗。舍利弗看见他容貌威仪，不同常人，便问他向谁学道，教义如何。马胜比丘便说出了这首偈，舍利弗听了很欢喜，回去向目犍连说了，两个人便一起归依了佛。这首偈我国有几种译文，偈中“吾师大沙门”，是指释迦牟尼。沙门（Samaṇa），简单的意译就是出家修道者。当时，婆罗门教之外各教派的出家修道者都称为沙门。

供养比丘像
（河南洛阳龙门石窟万佛洞外雕刻）

问：在当时各教派中，缘起论是不是佛教特有的教义？

答：是的。佛经中说缘起有十一个意义：（1）无作者义；（2）有因生义；（3）离有情义；（4）依他起义；（5）无动作义；（6）性无常义；（7）刹那灭义；（8）因果相续无间断义；（9）种种因果品类别义；（10）因果更互相符顺义；（11）因果决定无杂乱义。这些意义都是不同于其他教派的教义的。

问：可否请您把这十一义简单解释一下？

答：十一义归纳起来，有四个重要的论点：（1）无造物主；（2）无我；（3）无常；（4）因果相续。

问：无造物主是什么意思？

答：是否定创造宇宙万物的主宰，即十一义中的“无作者义”。因为既承认“诸法因缘生”，就不能承认有个独立的造作者。任何一个因都是因生的，任何一个缘都是缘起的，因又有因，缘又有缘。从竖的方面推，无始无终；从横的方面推，无边无际。由此而得出结论：没有绝待的一个因。缘起论者，不仅应当否认“从口生出婆罗门”的人格化的造物主，而且也应当否认作为宇宙本原的理性化的存在。从另一方面说，缘起论者固然不承认有一个绝待的第一个因，但同时又反对认为一切出自偶然的观点。他主张任何现象的生起，都不是无因的，而是受必然的因果律支配的，这便是“有因生义”。

问：照您这样说，佛教很像是无神论，但是何以佛教寺庙中又供有很多的神呢？

答：我前面说过，佛教并没有否定婆罗门教的神祇，只是看做是一种众生，后来有些神祇被吸收到佛教中来成为护法神，这是一方面情况；另一方面，也应当承认到后来佛陀被神化了的事实。但是根据佛教教义，佛不是造物主，他虽然有超人的智慧和能力，但不能主宰人的吉凶祸福，佛也是受因果律支配的。

问：什么是“无我”？

答：“离有情义”、“依他起义”和“无动作义”，都是说明无我的道理的。“有情”的巴利语是“萨埵”（Satta），人和一切有情感的生物都叫做有情。婆罗门教和其他各派主张一切有情都有一个常住的（固定不变地存在的）、起主宰作用的自我（Atta̱，意义与“灵魂”相当）。缘起论则认为所谓“有情”，无非是种种物质和精神的要素的聚合体。从身体的组织来说，有情是由地、水、火、风、空、识六大（六种元素）所构成的，依借前五大而有身体的机关及其作用——地为骨肉，水为血液，火为暖气，风为呼吸，空为种种的空隙；依借后一大（识）而表现种种的精神活动。再从心理的要素来说，有情的组织分为色（Rūpa）、受（Vedanā）、想（Saññạ̄）、行（Sankhāra）、识（Viññāna）五蕴。蕴（Khandha）就是堆，把种种不同的现象分类，每类作为一堆，这就是蕴。简单地解释，色就是各种物质，眼、耳、鼻、舌、身五根（根就是人的感觉器官）和色、声、香、味、触五境（境就是感觉对象）等都属于色。受、想、行、识四蕴包括重要的精神要素：受是感觉（感觉苦、乐或不苦不乐等）；想是印象（摄取事物的相貌，知道是青、黄、赤、白，是长、短、方、圆，是苦是乐等）；行是思维（思维是推动身心活动的力量，所以叫做行）；识是了别（对于所认识的对象，予以判断和推理）。佛教根据以上两方面的分析，说明有情不是固定的单一独立体，而是种种要素的聚合体，而任何要素又是刹那刹那（Khaṇa）依缘而生灭着的，所以找不到一个固定的独立的“有情”在支配着身心，也就是找不到“我”的存在。这便是无我的简单解释。

问：请允许我插一句。照您所说佛教关于有情的组成要素的说法，它是不是二元论？

答：大体来说，佛教把组成有情的要素分为精神和物质两类，两者结合便是有情的成立。佛教对此有一个专门术语叫做“名色”（Nāmarūpa）。名，是精神的要素，即五蕴中受、想、行、识四蕴，也就是六大中的识大；色，就是地、水、火、风、空物质的要素。地、水、火、风、空诸要素，都不能单独生起，而必须是互相结合变化的。简单地说，“名色”就是身心合成的存在。从这方面看，有人说它是二元论，有人说它是一种平行论（即心理、生理平行），也有人说佛教认为精神、物质诸要素都没有独立的单元，所以与二元论和平行论都有所不同。究竟应当怎样看，可以研究，但是它不是唯物论则是明显的。

问：“无动作义”如何解释？

答：“无动作义”，就是不承认因果之间有来去。缘起论者承认由因生果，而反对因变成果的说法。譬如以灯传灯，是乙灯的火由甲灯焰生，而不是甲灯的火跑到乙灯去。根据这个道理，佛教虽然也讲六道轮回，但是不承认有个灵魂从这个有情的身体投入另一个有情的胎里去。这个道理是从无我的教义引申出来的，以后还可以谈。

问：什么是“无常”？

答：宇宙一切现象，都是此生彼生、此灭彼灭的相待的互存关系，其间没有恒常的存在。所以任何现象，它的性质是无常的，表现为刹那刹那生灭的。这就是十一义中“性无常义”和“刹那灭义”。佛经中说的“诸行无常，是生灭法”，就是这个意思。“诸行”，就是指一切事物或一切现象。“行”是迁流变动的意思，一切现象都是迁流变动的，所以叫做“行”。这个字本身就包含了无常的意义。“生灭”二字，实际上包括着“生、异、灭”三字或“生、住、异、灭”四字。这里每个字表示着一种相状：一个现象的生起叫做“生”；当它存在着作用的时候叫做“住”；虽有作用而同时在变异叫做“异”；现象的消灭叫做“灭”。刹那是极短的时间，佛经中说弹一下指头的时间有六十刹那。刹那生灭，就是一刹那中具足生、住、异、灭。有人问，一个人的寿命一般有几十年，怎么是刹那生灭呢？佛教把人的一生从生到死叫做一期，一期是由刹那刹那相续而有的。对一个人的整体来说，他有一期的生住异灭，即生、老、病、死；但从他的组成各部分来说，则是刹那刹那的生住异灭。佛经说人的身体每十二年全部换过一次。一个物体的生住异灭，一个世界的成住坏空，实际都是刹那生灭相续的存在。照佛教的教义，一切现象没有不是刹那生灭的。佛教把主张“有常恒不变的事物”的见解叫做“常见”，认为是错误的。

问：请允许我插一句，佛教本身是不是也受“无常”法则的支配？

答：是的。根据佛说，佛法分三个时期：一是正法时期，即佛教兴起时期；二是像法时期，即演变时期，这时期开始有佛像，所以称像法；三是末法时期，即衰坏时期。佛并且曾经说过将来法灭时的情况。“诸行无常”，佛教也不例外。

问：什么是“因果相续”？

答：因缘所生的一切法，固然是生灭无常的，而又是相续不断的，如流水一般，前前逝去，后后生起，因因果果，没有间断，这是就竖的方面来说的。从横的方面看，因果的品类有种种无量的差别。种种品类差别的因果关系固然错综复杂，但其间又有井然的法则，一丝不乱。一类的因产生一类的果，如善因得善果，因与果相符，果与因相顺；一类的因不能生另一类的果，如种瓜只能得瓜，不能得豆。佛教认为因果的法

过去、现在、未来三世佛像
（河北承德普乐寺宗印殿彩塑）

则是决定的，虽三世（过去、现在、未来）诸佛也不能加以改变的。这就是“因果相续无间断义”、“种种因果品类别义”、“因果更互相符顺义”和“因果决定无杂乱义”的简单解释。佛教把主张“现象灭了就不再生起”的见解叫做“断见”，也是反对的。关于因、缘、果的分析，佛教有六因、四缘、五果等说法，这里不一一介绍了。

问：关于上面所说的有关缘起的理论有什么经论可供研究？

答：佛教经论谈缘起道理的地方很多，如上面所说的十一义，出自《分别缘起初胜法门经》（玄奘译），可以一看。又玄奘译的《俱舍论》和鸠摩罗什译的《大智度论》里有关部分，也可以一看。

问：听了您根据“无造物主”、“无我”、“无常”、“因果相续”四个论点来说明缘起十一义之后，对于缘起的理论，大致有所了解。是否可以说这就是佛教对于宇宙万有的解释？

答：四个论点实际只是两个论点——“无常”和“无我”。“无常”就是生灭相续，它不仅包括“刹那生灭”的意义，而且包括“因果相续”的意义。“无我”就是没有主宰，没有一身之内的主宰，也没有宇宙万有的主宰。所以无造物主的意义，实际包含在“无我”里面。“诸行无常、诸法无我”，是佛教对宇宙万有的总的解释，也可以说，是一切法的总法则。所以“无常”和“无我”的教义被称为“法印”。

问：“法印”是什么？

答：印就是印玺。国王的印玺可以证明文件的真实（有通行无阻的作用）。借以比喻佛教的主要教义，也以符合“法印”而证明其为真正佛法（掌握了它，便能对一切法通达无碍），所以称为法印。“诸行无常，诸法无我，涅槃寂静”，并称三法印，或者加上“有漏皆苦”，亦称四法印。

问：请解释一下“有漏皆苦”的意义。

答：“漏”就是烦恼。佛教认为众生不明白一切法缘生缘灭、无常无我的道理，而在无常的法上贪爱追求，在无我的法上执著为“我”，或为“我所有”，这叫做惑，惑使人烦恼，所以又叫做烦恼。烦恼种类极多，贪（贪欲）、嗔（嗔恨）、痴（不知无常无我之理等等）是三毒，加上慢（傲慢）、疑（犹疑）、恶见（不正确的见解如常见、断见等）为六根本烦恼。由于烦恼而造种种业（Kamma），业就是行为（身业）、言语（口业）、思想（意业）的活动。烦恼和业引生未来或为天人，或为人，或为地狱、鬼、畜生的身心；于是又起烦恼，又造业，又生身心，这样的生死轮回（Saṃsāra），没有休歇。而生死轮回是苦的。以人生而论，一般地说有八苦：生苦（婴儿在胎出胎时苦）、老苦、病苦、死苦、爱别离苦（与所爱的分离）、怨憎会苦（与所怨憎的聚会）、所求不得苦、五取蕴苦（五取蕴即五蕴，取就是烦恼，人的色、受、想、行、识以烦恼为因而生，又能生烦恼，所以叫取蕴。五蕴刹那迁流变坏，为生老病死等苦所集，所以是苦）。总之，佛说世间有无量的苦，苦不是孤立的自己生起来的，也不是造物主给予的，也不是偶然的，而是有因缘的。上面所说因惑而造业，因业而有生死苦，就是佛教对苦的缘起解释，全面分析起来有“十二缘起”。

问：请简单谈一谈“十二缘起”。

答：佛教的缘起论主要是以人生问题为中心来谈的。对人生问题一般说十缘起或十二缘起。十二缘起是：无明缘、行缘、识缘、名色缘、六入缘、触缘、受缘、爱缘、取缘、有缘、生缘、老死缘。现在简单地解释一下：

（1）老死（Jarā-maraṇa），这是观察人生的起点，老死忧悲苦恼是人生不可避免的。缘何而有老死忧悲苦恼呢？是由于有（2）生（Jāti）。如果没有生，则没有老死，也没有忧悲苦恼。生的条件虽有种种，但是最重要的条件是（3）有（Bhava）。“有”就是存在的意思。简单地说，身、口、意所造的善业、恶业对招引自己的后果潜伏着一种力量叫做“有”。有了业力为缘，必然有后果的生与死。“有”又是缘什么而起的呢？有的缘是（4）取（Upṇdāna）。取是追求执著的意思，追求色、声、香、味、触五欲，执著可爱事物为我所有，这叫做取。由于以自我为中心追求执著，就能引发身、口、意三业的活动。取又以（5）爱（Taṇhā）为缘。爱的简单解释就是生命欲，它是生命活动的本源力。有生命欲才有追求执著，有追求执著才有种种身、口、意的活动而有业力的存在，招引生死之果。所以爱、取、有同是生死的因。说到这里，已经说明了惑、业、苦的因果关系。为了进一步考察生命欲（爱）之所以发生，则必须说明（6）受（Vedanā）、（7）触（Phassa）、（8）六入（Saḷāyatana）的关系。受是感觉，即对客观境物所起的快感（乐受）、不快感（苦受）或不苦不乐感（舍受）。由于苦乐的感觉，激发和冲动着生命的欲求。感觉来自外界事物刺激的反应，所以依存于触。触是根、境、识三者会合而有的心理活动的开始。如眼（根）对红色（境）时，红色刺激眼根，因而司掌视觉的眼识生起活动。根、境、识三者会合，才发生红色的触（反应），所以触依存于六入。六入，就是眼、耳、鼻、舌、身、意的六根，是传递色、声、香、味、触、法（法，即前五种事物遗存下来的印象，是意根的对象）六境的机能。

再进一步考察六入依何存在的问题，因而说到（9）名色（Nāma-rūpa）。名色的意义前面已经讲过，即身心（色、受、想、行、识五蕴）合成的组织。六根是依存于身心全体组织的东西，有名色所以有六入。名色又以何为缘呢？名色又依存于（10）识（Viññāṇa）。识虽是名色中一部分，但是如果把名色当做认识体来看，识乃是它的中心的东西。识对境（认识对象）有总了别作用，使境增加明显，使根增长功能，使受、想、思有所领导。所以名色全体的成立，依存于识，但是识又依存于名色。因为有境对根的刺激和受、想、思的帮助发生，才有识的现起，识不能离开名色而独立。所以识与名色的关系，是互相依存的关系。

以上所说是十缘起，如果就人们现实的活动的条件来观察，十缘起已经全面了，但如果说明生死何以无穷的原由，则又有行和无明二缘，共十二缘起。

（11）行（Sankhāra）。“行”的意义与“有”相同。从现在身、口、意造作的业来看它潜伏着引生后果的力量叫做“有”，从现在已经成熟的果来看过去所造的业叫做“行”。识与名色，是现在已熟的果，是依存过去的行而生起的。由于过去无始以来“行”的反复，积习成性，隐然有种力量支配着行为，所以生死苦恼现象连绵不断。行又依存于（12）无明（Avijjā）。无明是对一切法缘生故生、缘灭故灭、无常、无我的真实相不认识，特别对自己身心只是因缘所生的道理不能自觉，以为其中有常住的、唯一的、做主宰的我。由于“我”的执著，所以对境而有乐受、苦受、舍受，而起贪、嗔、痴等烦恼，而造种种善恶业。所以人们的生死痛苦的本源毕竟在于无明。

十二缘起归纳起来仍不外乎上面所说的惑、业、苦的关系。无明、行是过去无始以来的惑和业，招致现在识、名色、六入、触、受的苦果；爱、取、有是现在的惑和业，招致未来的生、老死的苦果。这些都是“有漏皆苦”一句所包括的内容，也就是四谛中苦谛和集谛的内容。

问：现在请解释一下“涅槃寂静”的意义。

答：“涅槃寂静”和“有漏皆苦”相反。涅槃是无漏，是苦果苦因的消灭，也就是十二缘起法的止灭。十二缘起是根据“此有则彼有、此生则彼生”的道理，十二缘起法的止灭则

卧佛头像
（甘肃敦煌莫高窟第158窟彩塑）

是根据“此无则彼无、此灭则彼灭”的道理。老死忧悲苦恼，既是由于生缘，消灭生缘则生死忧悲苦恼灭；消灭爱、取、有缘，则生死苦灭。这样推上去直到最后，消灭无明缘则苦果之因“行”灭。无明灭、行灭、识灭，乃至生老死灭，就是涅槃。更明确地来说：凡是属于不清净的污染的缘尽灭，无明转成为不污染的清净智慧，一切法上为清净智慧所照见的实相谛理，这就是涅槃，也叫做“现法涅槃”。涅槃（Nibbāṇa）的意义是圆寂，就是说：智慧福德圆满成就的，永恒寂静的最安乐的境界。佛教认为这种境界“唯圣者所知”，不能以经验上有、无、来、去等概念来测度，是不可思议的解脱境界。我前面说过，可以把“涅槃”解释为逝世，其实释迦牟尼三十岁的时候，便已经证得涅槃而成佛，不过当时他的肉体还是过去惑、业之果的剩余，所以称为“有余涅槃”。直到他八十岁逝世，方是入“无余涅槃”。

问：如何能达到涅槃的境界呢？

答：上面所说关于涅槃的道理属于灭谛，现在你提的如何达到涅槃的境界的问题属于道谛。道谛以涅槃为目的，以生死根本的烦恼为消灭对象，以戒（Sīla）、定（Samādhi）、慧（Paññā）三学为方法。

（1）戒，是防止身、口、意三业的过失，有五戒、十戒、具足戒三级。五戒（Pañca sīla）是不杀、不偷盗、不邪淫、不妄语、不饮酒类。这是出家、在家弟子共持的戒。十戒是沙弥（Sāmaṇera）持的戒（出家男子受十戒的叫做沙弥，一般是不满二十岁的人，满二十岁才能受具足戒为比丘）。具足戒是比丘、比丘尼持的戒。当初僧伽成立时，没有约制团体的一定规律。其后随着问题的发生而随时制戒，到佛逝世前，已制定了二百多条。南方国家所传比丘戒二百二十七条，我国西藏二百五十三条，汉地二百五十条，大体相同，仅有某些条款分开和合并的不同，汉地比丘尼戒三百四十八条。

（2）定，是精神上既不昏沉（即不瞌睡），又不纷驰的安和状态。这是印度一般宗教徒所必习的，尤其是佛教徒修持的必要条件。由于定，身心远离爱欲乐触等的粗分别，逐步发得身心轻安，终于能够把心——精神思想集中于任何一境之上，宁静安稳不受扰乱，进而引发一种无漏的智慧。定有世间的四禅和四无色定，有出世间的九次第定、三三昧等。从定而后能引发慧。

（3）慧，是分别一切法的自相（特殊性）与共相（一般性）、通达四谛的道理，而有断除迷惑证悟真理的作用。

戒、定、慧三学包括四念住、四正勤、四神足、五根、五力、七觉支、八正道等修行法门，共称三十七道品。这里不一一介绍，仅简略介绍一下八正道：（1）正见，就是于一切法上见到无常无我缘起四谛之理而明确认识它，使成为自己的知见；（2）正思维；（3）正语；（4）正业，是使自己的生活行动受正见的指导，使身、口、意合于法的法则；（5）正命，是正当的生活方法，反对诈欺仗势骗夺他财以养自己的邪命生活；（6）正精进，使身、口、意毫不松懈地努力向正见所指的目的前进；（7）正念，经常忆念着正见，使正见不忘失而经常现前；（8）正定，在正见指导下修习进入无漏清净的禅定。

问：根据上面所介绍的四谛内容，可不可以说佛教是厌世主义，因为看不出它对世界有任何积极的理想和采取任何积极的手段？

答：从对待有漏的世界来说，可以说是厌世主义。但是佛教当时的创立，反映着对现实生活的不满，它对人间世界也是有一种理想的。例如《增一阿含经》记载，佛陀谈到转轮王统治的社会情况时，他说：那时候世界上土地平整，如镜清明；谷物丰饶，遍地皆生甘美果树；时气和适，四时顺节，人身康乐，少病少恼；富足如意，食不患苦；欲大小便时，地自然开，事已复合；金银珍宝，散在各地，与瓦石同流；人民大小平等，皆同一意，相见欢欣，善言相向；言辞一类，而无差别。从这段话里面，看出一种类似我国古人大同的理想。为实现这种理想社会的各种努力，就是“庄严国土、利乐有情”。这方面的理论在大乘佛教中特别得到发挥，但为当时各种条件所局限，佛教没有提出政治的和社会的措施。

问：什么是大乘佛教？

答：大乘（Mahāyāna）和小乘（Hīnayāna）是佛教的两大宗派。

问：大乘、小乘有什么分别？

答：大小乘的分别，主要在于大乘着重利他（利益大众的行为），小乘着重自己解脱。大乘有不同的经典，在教义上有所发挥和发展。这里可以举几个特点：

首先，大乘在灭谛上进一步说“无住涅槃”。从理论上说，十二因缘灭，灭的只是不合缘生缘灭真理的无明烦恼，而不是缘生缘灭的法。“涅槃与世间，无有少分别。”所以到了佛的圆满觉悟的境界，就能不住生死、不住涅槃，就能在因缘生灭的世界中，永无休歇地做“庄严国土、利乐有情”的事，而随时随处安住在涅槃的境界。

其次，根据缘起的道理，说明一法以一切法为缘而生起，同时又是生起一切法之缘，所以任何人与一切众生都有同体的关系，好像海里面一个小水泡和整个大海水是同体关系一样。所以说，“一切众生是我父母”，又说“视众生如一子”（独子），这样地兴起大慈悲心（慈是同情人之喜乐，悲是同情人之忧苦），“无有疲厌”地“为众生供给使”。大乘佛教特别发扬这种菩萨行的人生观，并且特别鼓励“六度”和“四摄”的行为。

问：什么是菩萨？

唐代菩萨像

（甘肃敦煌莫高窟第194窟彩塑）

答：菩萨是菩提萨埵（Bodhisatta）的简称。简单地解释，凡是抱着广大的志愿，要将自己和一切众生一齐从苦恼中救度出来，而得到究竟安乐（自度度他），要将自己和一切众生一齐从愚痴中解脱出来，而得到彻底的觉悟（自觉觉他）——这种人便叫做菩萨。

问：什么叫做六度？

答：“度”的梵语是“波罗蜜多（Pāramitā）”，字义是“到彼岸”，就是从烦恼的此岸度到觉悟的彼岸的意思。六度是六个到彼岸的方法。第一是布施（Dāna），有三种：凡以物质利益施与大众的叫做“财施”，包括身外的财物和自身的头目手足和生命；凡保护大众的安全使他们没有怖畏的叫做“无畏施”；凡以真理告知大众的叫做“法施”。第二是持戒（Sīla），戒也有三种，即防止一切恶行，修集一切善行和饶益有情。菩萨最根本的戒是饶益有情戒，就是一切为了利益大众，其余所有戒条都要服从这一条。第三是忍（Khanti），即为利益有情故，忍受毁骂打击，以及饥寒等苦，所谓“难行能行、难忍能忍”，终不放弃救度众生的志愿。第四是精进（Viriya），即不懈息地努力于自度度他、自觉觉他的事业。第五是禅定（Samādhi）。第六是般若（Paññā，即智慧），为自觉觉他而修禅定和智慧。

问：什么是四摄？

答：摄（Saṃgaha-vatthu）的意义就是大众团结的条件。第一是布施；第二是爱语（Peyyavajja），慈爱的言语和态度；第三是利行（Atthacariyā），为大众利益服务；第四是同事（Samānattata），使自己在生活和活动方面同于大众。四摄法是菩萨在众生中进行工作的方法。

问：菩萨为了利行同事，是否应当学习世间各种学问？

答：菩萨为了利益众生，必须广学多闻。佛教要求菩萨行者学习五明（Vidyā，就是学）：（1）声明，即声韵学和语文学；（2）工巧明，即一切工艺、技术、算学、历数等；（3）医方明，即医药学；（4）因明，即逻辑学；（5）内明，即佛学。五明是学者必须学习之处。“学处广大，悲心恳切”是菩萨的条件。大乘佛教号召难学能学，尽一切学。

问：请再讲一讲大乘佛教的其他特点。

答：根据缘起的道理而说法性空。这就是说，一切法既是因缘和合而起，所以都没有实体；换句话说，一切法都只是因缘和合的现象，在现象上找不到作为主宰的本体。前面所说的“诸法无我”是指人的“我”，现在进一步说，法的“我”也没有。前面是破“人我执”，说“人空”；现在是破“法我执”，说“法”空。

问：佛经中有两句话，“色不异空，空不异色”是什么意思？

答：这就是说一切法“缘起性空”。“色”，就是色、受、想、行、识五蕴中的色，是指物质。任何物质现象都是缘起，它有相状，它有功用，但是它的相状和功用里面没有常恒不变的指挥它的主宰，所以说是空。所谓空，不是指的色外空（物体之外的空），也不是指的色后空（物体灭了之后的空），换句话说，并不是离开色而另外有一个空，而是“当体即空”。色是缘起所起，

摧破无明黑暗的忿怒明王像
（重庆大足宝顶山大佛湾第22号雕刻）

色法上不能有个不变的实性，所以说“色即是空”；唯其没有实性，所以能遇缘即起，所以说“空即是色”。这也就是“色不异空，空不异色”的简单解释。受、想、行、识等精神现象也同样的是“缘起性空”。“缘起性空”是宇宙万有的真实相状，即所谓“诸法实相”。大乘佛教以实相为法印，称为“一法印”，一切大乘经教，都以实相的道理来印证。如前面所说“无住涅槃”和“菩萨六度四摄”等教义，都是以“缘起性空”的理论为基础的。

问：关于大乘佛教的特点还有什么可以介绍的吗？

答：上面所说的是大乘佛教各宗派的几个共同的特点。各宗派又有其特点，这里就不谈了。

问：佛经是释迦牟尼亲自写的吗？

答：不是。是佛逝世后，他的弟子记诵出来的。佛逝世的那一年，佛的弟子，以摩诃迦叶为首的五百人集会在王舍城外的七叶窟，将佛一生所说的言教结集起来，以传后世。当时由阿难陀诵出佛所说的经（Sutta）；由优波离诵出佛所制的僧团戒律（Vinaya）；由摩诃迦叶当时诵出，后来又补充结集的关于教理的解释和研究的论著（Abhidhamma）。经、律、论为三藏（Tipiṭaka）。藏的原语Piṭaka，是一种可以盛放东西的竹箧。把经、律、论分为三藏，同我国把经、史、子、集分为四库有差不多的意思。这一次结集称为第一结集。照我国通常解释，结集两个字含有编辑的意义，但这个字的梵文Saṃgīti（巴利语同）却是僧众大会的意思。古代译师用"结集"二字是含有"会诵"的意思，一方面固然着重在法的结集，同时也包含着人的结集的意思在内。这时还没有用文字记录，只凭口头传诵。

问：第一次结集之外，还有其他结集吗？

答：当时除在七叶窟的五百比丘外，还有未加入摩诃迦叶团体的许多比丘，以跋波（Vappa，最初五比丘之一）为上首，在窟外不远的地方另行结集。所以王舍城结集分窟内窟外二部，所结集的都是小乘三藏。大乘三藏相传是文殊师利（Mañjuśri）、弥勒（Maitreya）等菩萨和阿难陀等在铁围山结集的。小乘佛教则不承认大乘经典是佛所说。

问：缅甸前几年举行第六次结集，是怎么一回事？

答：佛逝世一百一十年后，在毗舍离国僧团中有关于戒律上的争论，于是长老（僧龄高的称长老）耶舍（Yasa）召集七百位学德兼优的僧众，依据律藏，断定当时争论问题中有十件事为非法，这是第二次结集。

根据南方佛典记载，佛逝世二百三十五年后，阿育王时代，有很多外道（佛教之外的教派）的人混入佛教徒中，混乱了教义，于是在阿育王支持下，以国师目犍连子帝须（Moggaliputta Tissa）为首的一千比丘在波吒利弗城（Pāṭaliputta，即今天印度比哈尔省省城八纳Patna）诵出三藏，以清除外道掺杂进去的东西，这是第三次结集。

根据北方佛教记载，佛逝世后四百年左右，在大月氏国迦腻色迦（Kaniṣka）统治西印度时代，以世友菩萨（Vasumitta）为首的五百比丘造论解释三藏，共三十万颂，九百多万言，其中一部就是《大毗婆沙》（Mahāvibhāṣā），是一部重要的论。这是第四次结集。

距今八十多年前，缅甸明顿王邀集众多比丘校勘巴利文三藏，并将三藏全文和校勘记刻在石碑上，现仍保存在曼德勒城。他们称为第五次结集。

1954—1956年缅甸联邦政府为了纪念释迦牟尼佛涅槃二千五百年，发起第六次结集，邀请缅甸、柬埔寨、锡兰、印度、老挝、尼泊尔、巴基斯坦、泰国等国的比丘二千五百人参加。他们进行了两年工作，根据各国的各种版本和明顿王第五次结集的校勘记，对巴利文三藏进行严密的校勘，印成了最完善版本的巴利文三藏，被称为“第六次结集”。

问：什么是巴利文？

答：巴利（Pāli）是古代印度的一种语言，是佛陀时代摩揭陀国一带的大众语。据说佛就是用这种语言说法的，所以弟子们也用这种语言记诵他的经教。巴利语虽然早已不通用了，但是靠了佛经而保存了下来。巴利就是经典的意思。古代印度人民有一种传统习惯，就是把典籍用口口相传的方式背诵下来，而不重视书写。根据《锡兰岛史》记载，公元前1世纪时候，才在锡兰开始传写。到公元5世纪，摩揭陀国三藏法师（通达三藏学者的称号）觉音（Buddhaghosa）到锡兰，重新用锡兰的僧伽罗文字母把巴利文三藏全部记录下来（一说觉音在锡兰时将当时保存很多的用僧伽罗文写的注疏译成巴利文）。原来的巴利文字母已经不存在，现在缅甸、柬埔寨、泰国的巴利文三藏也都是用他们本国字母记录的。最近印度也正在从事用印地文字母记录并印行巴利文三藏的工作。

问：除巴利文之外，还有哪几种文字记录的佛经？

答：还有梵文（Sanskrit）。佛教分南传和北传，传到南方去的用巴利文，是小乘佛教经典；传到北方去的用梵文，多数是大乘佛教经典，也有小乘佛教经典。巴利语是古代俗语，梵文则是古代雅语。

问：中国汉译、藏译佛教经典是从巴利文翻译的，还是从梵文翻译的？

答：汉译佛经，从梵文翻译的居多，也有从巴利文翻译的；藏译佛经则似乎全是从梵文翻译的。

问：现在佛经一般有几种文字？

答：许多国家都用他们自己的文字翻译了佛经。欧洲有俄文、德文、英文、法文、意大利文、芬兰文等，但是都不齐全，其来源不外乎三大系：（1）巴利文；（2）汉文；（3）藏文。梵文经典现在残存的已很少，尼泊尔和我国西藏还有部分古梵文本留存。北传佛教经籍，大部分保存在我国汉文和藏文藏经里。

问：世界佛经是否可以按照语文分为三大系？

梵文佛经

答：三大系的划分，是合乎实际情况的。现在佛教界都承认三大系的说法。一般说来，南方国家斯里兰卡、缅甸、柬埔寨、老挝、印度、巴基斯坦、泰国和我国云南省傣、崩龙①、布朗等民族的佛教属于巴利语系，是小乘佛教。比较精确地说，应当称为上座部佛教（Theravāda他们自称的派名）。大小乘过去一直有宗派争执，近来渐有融合的倾向。为了加强各国佛教徒和人民的团结和互相尊重，有许多人主张不再用大小乘的名称，因此称南传佛教为上座部佛教较为合适。我国汉族和朝鲜、日本、越南的佛教属于汉语系，我国藏、蒙、土、羌、裕固等民族以及蒙古、苏联西伯利亚地方和印度北部地方的佛教

① 现已更名为德昂族。——编者注

属于藏语系。这两系都属于大乘佛教。

问：汉译三藏有多少卷？

答：有一千六百九十二部，共六千二百四十一卷，此外中国学者撰述收入藏内的有一千多卷。明代嘉兴版大藏经又收集中国学者撰述五千六百卷编为续藏。近代日本也编印续藏，收集的也都是中国撰述的，共一千七百五十部七千一百四十卷。

问：汉文大藏经有多少版本？

答：我国第一次刻本汉文大藏经是公元971年宋开宝四年刻本。在此以后，历宋、辽、金、元、明、清几个朝代，一千年之间先后有二十余次刻本。1936年在山西赵城县广胜寺发现金代（12世纪）刻本大藏经，因此称为赵城藏。日本帝国主义侵略中国时，企图劫走这部法宝，为八路军抢救，牺牲了八位战士，才保护下来。这部经现藏在北京图书馆。西安开元、卧龙寺藏有宋刻（12世纪）碛砂板藏经，近代有影印本。明代政府刻的南本大藏经（1372年开始在南京刻的）和北本大藏经（1410年开始在北京刻的），还有万历年间刻的万册大藏经（通称嘉兴藏）现在还有留存。清代雍正、乾隆年间（1735—1738）刻的大藏经（通称龙藏），尚有经版留存。

我国敦煌石窟所藏晋、魏、隋、唐人的写经，自20世纪初被发现后，很大部分被盗劫到国外，都是贵重的法宝，北京图

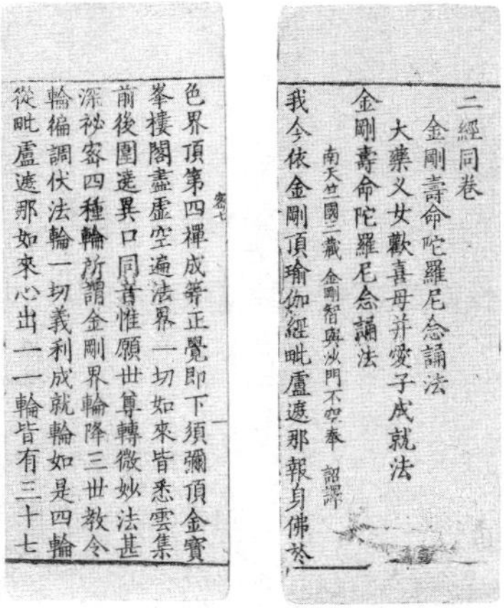
二經同卷
金剛壽命陀羅尼念誦法
大藥叉女歡喜母并愛子成就法
金剛壽命陀羅尼念誦法
南天竺國三藏 金剛智與沙門不空奉 詔譯
我今依金剛頂瑜伽經毗盧遮那報身佛於
色界頂第四禪成等正覺即下須彌頂金寶
峯樓閣盡虛空遍法界一切如來皆悉雲集
前後圍遶異口同音惟願世尊轉微妙法甚
深祕密四種輪所謂金剛界輪降三世教令
輪徧調伏法輪一切義利成就輪如是四輪
從毗盧遮那如來心出一一輪皆有三十七

碛砂板藏中的经书
（北京大学图书馆藏唐金刚智、
不空译《金刚寿命陀罗尼念诵法》）

书馆还藏有八千多卷。我国还有很多石刻佛经，最重要的是房山县[①]石经山上的石经。那是公元7世纪初我国隋代静琬法师开始刻的，一直继续了千年之久。所刻经版，封存在九个石洞里和埋藏在塔下。1956年，中国佛教协会在政府支持下，费了两年时间，将那里的经版全部取出拓印了七份，现正在整理和研究中，计刻经一千余部，近三千五百卷，并考证发现辽刻石经是以《契丹藏》为底本，也就是久已失传的《契丹藏》的复刻。房山石经是一部稀有的法宝。

问：藏文大藏经内容请介绍一下。

答： 藏文大藏经分两部分：（1）正藏，名“甘珠尔”，“甘”的意思是“言教”，“珠尔”是翻译，就是言

① 今北京市房山区。——编者注

教的翻译，包括经和律，因为经和律都是佛的言教；（2）副藏，名“丹珠尔”，“丹”的意思是论著，就是论著的翻译。甘珠尔共一千一百零八部；丹珠尔共三千四百五十九部。

问：藏文大藏经有无刻本？

答：公元14世纪元代初年在奈塘刻的大藏，称为奈塘版，是第一次刻本。十五六世纪明代曾翻刻过两次。17世纪清康熙、雍正年间在北京翻刻一次，称为北京版；同时西康等地又各翻刻为德格版、卓尼版等。西藏在雍正八年到十年重刻奈塘新版，大体与北京版一致而增订其未尽善之处。约在1921年间十三世达赖喇嘛重刻大藏经，称拉萨版。最近日本印行的西藏大藏经，就是北京版的影印本。

问：巴利文三藏内容是什么？

答：巴利文经藏分五部：（1）长部（Dīgha-nikāya），相当于我国《长阿含经》；（2）中部（Majjhima-nikāya），相当于我国《中阿含经》；（3）相应部（Saṃ-yutta-nikāya），相当于我国《杂阿含经》；（4）增支部（Aṅguttara-nikāya），相当于我国《增一阿含经》；（5）小部（Khuddaka-nikāya），我国缺。我国小乘经藏只有四阿含（Āgama的字义是集，就是佛的言教集）。

巴利文律藏分三部：（1）分别部（Sutta-vibhaṅga），是戒的条文；（2）犍度（Khandhaka），是僧团中一切生活制度；（3）附篇（Parivāra），是戒条的解释。

巴利文论藏有七部论：（1）法聚论；（2）分别论；（3）界论；（4）双论；（5）发趣论；（6）人施设论；（7）论事。这七部论是关于心理状态、宇宙万有的分析、因果论等重要著作。

问：费了您很多时间。关于佛法基本内容和关于佛教经籍的一些主要情况都承您作了介绍，现在就谈这一些，以后再请教。

答：不见得能够满足你的要求，只能说是提供一些初步材料罢了。

第三章　僧伽和佛的弟子

问：为什么一部分佛教徒要出家？

答：要说明这个问题，先要谈一谈佛教的五乘教法。乘就是车子，能运载行人到远近不同的目的地，借以比喻教法。五戒的教法（戒杀、盗、淫、妄、酒的五条戒）能令修持者得生人间，叫做人乘。十善的教法［不犯十恶即是十善。十恶是指：（1）杀；（2）盗；（3）淫；（4）妄语；（5）两舌，即挑拨离间；（6）恶口，即粗恶伤人的言语；（7）绮语，即邪淫言语；（8）贪；（9）嗔；（10）邪见，即否认因果的见解］能令修持者得生天界，叫做天乘。四谛的教法，能令人断除见惑（我见、常见、断见等错误见解）和思惑（对世间事物而起的贪嗔痴等迷情），证得涅槃，叫做声闻乘。声是言教的意思，听闻佛的言教，悟四谛之理而得到解脱的人叫做声闻。在没有佛法的时代，有人独自悟到缘起之理而得到解脱，但他不能把自己悟到的真理说出来，这种人叫做独觉，因此十二因缘法叫做独觉乘。六度的教法，能令修持者行菩萨道，经过无数世的难行苦行，最后达到佛的果位，叫做菩萨乘。

问：五乘教法与出家有何关系？

答：人乘、天乘不要求出家；独觉生在没有佛法之世，虽是山林隐逸而没有出家的仪式；菩萨包括出家的和在家的人，不一定要出家，看住持佛法的因缘和利益众生的因缘可以出家，可以在家。如佛陀时代，文殊师利菩萨和弥勒菩萨都是出家的比丘，维摩诘也是大菩萨，则是居士（在家学佛之士）。只是声闻乘中为了证得现法涅槃，成阿罗汉的目的，要求修行者出家。

问：阿罗汉是什么意思？

答：阿罗汉（Arahat）是修行者得到证悟的果位。到达这个果位有四个阶段：断除了见惑的叫做须陀洹果，即初果；进而断除思惑，按照其浅深粗细不同而有斯陀含果（二果）和阿那含果（三果）；到了阿罗汉的果位（四果），见惑思惑都已断尽，证得涅槃，堪受人天供养。所以阿罗汉的意义之一就是“应供”，这是声闻乘中的终极地位。

问：声闻乘为什么要求出家？

答：根据声闻乘教法，在家修行障碍多，心意难以专纯，只能在理论上断除见惑证得初果，至多断除欲界思惑证得三果，不能证得现法涅槃。出家生活自由无累，容易集注精力从事于无我无欲的修养，所以要证得阿罗汉果，非出家人做不到。

问：出家的制度是佛教创始的吗？

答：出家制度不是佛教创始的。在佛陀的时代，出家修道在印度已成为风气，但是佛陀本人以王子出家的榜样，使出家风气在佛教中得到了鼓励。因此佛教徒中便有出家男女二众和在家男女二众。出家佛教徒一般称为僧人或僧侣。

问：佛教僧侣是不是神职人员？

答：佛教僧侣仅仅是为求得解脱而出家修行的人，不是担任什么神与人之间的神职。他不应当，也不可能代人祈福禳灾，或代神降福免罪。

问：佛教僧侣平时生活应当是怎样的呢？

答：根据佛的制度，一个比丘应当过着清净而俭约的生活，严格遵守不杀、不盗、不淫（包括在俗家的妻子）、不妄语、不两舌、不恶口、不绮语、不饮酒及不非时食（过午不食）、不涂香装饰，不自歌舞也不观听歌舞、不坐卧高广床位、不接受金银象马等财宝，除衣、钵、剃刀、滤水囊、缝衣针等必需用品外不蓄私财，不做买卖，不算命看相，不诈示神奇，不禁闭、掠夺和威吓他人等等及其他戒律。平日昼夜六时中（晨朝、日中、日没为昼三时，初夜、中夜、后夜为夜三时）除一定时间睡眠、托钵、饮食、洒扫、挑水外，其余时间都应当精勤地用在学修方面。

问：学修的内容是什么？

答：教理的研究和禅定的修习，内容不外乎前面说过的三十七道品。三十七道品中基本修习的是四念处观（观身不净、观受是苦、观心无常、观法无我），在修四念处观之前，初入道者先学五停心观，即不净观、慈悲观、因缘观、界分别观和数息观。总之，修定修慧的方法很多，这里不一一列举了。

问：佛教僧侣对在家佛徒有什么义务吗？

答：一般说来，在德行上为他们树立模范；教导他们，劝善止恶；为他们讲说佛法；安慰病苦，必要时得参加社会灾难的救济；慈悲柔和，促进众生的福利。

问：照您所说出家风气在佛教中得到鼓励，那么，佛教的理想是不是要求人人都出家呢？

答：根据佛教教义和它的制度来说，出家应当是佛教徒中少数人的事。第一，出家的动机要求真纯——即确是为求解脱，决心舍弃世间贪爱而出家修道。第二，出家后要求对教理及行持都够标准，如果有室家的欲望，应当自动还俗；如果犯杀盗淫妄四根本戒，则应当摈斥在僧伽之外。第三，出家有许多限制，例如：要得父母允许，要年满二十（求比丘戒、比丘尼戒的），不是肢体不全或精神上有缺陷的，不是逃避刑法、债累的等等。第四，出家受戒要得戒龄满十年的僧侣十人以上介绍、证明和会议通过，舍戒还俗则很容易，只须告知一个人便行。佛教徒本有四众，有出家男女二众，有在家男女二众。出家二众负住持佛法的责任，在家二众负护持佛法的责任，合成为双重的教团，所以佛教并不是要求人人都出家。很多佛教经典，特别是大乘经典如《维摩诘经》、《优婆塞戒经》都是称赞在家学佛的。

问：在家佛教徒修道的条件是怎样？

答：皈依三宝，确信佛、法、僧三宝为身心归向依靠之处，更不皈依佛教以外的其他宗教与神庙，这是在家佛教徒的必要条件。其次是奉行五戒和持斋。持斋是在每月一定的日子里实行一种克己的生活，即过午不食，不涂香装饰和歌舞观剧，不坐卧高广床座。持斋的日子一般是阴历朔日、初八、十四、望日、二十三、二十九（晦日）。遵守三归、五戒和持斋，对人努力行善，对自己清净身心，这就是佛教在家信徒修持的标准。实际上有不及这个标准的，也有超过这个标准的。佛陀对在家信徒有许多世间法的教导，如对善生童子详细讲了父母子女之间、师弟之间、夫妇之间、朋友之间、主从之间、僧人与居士之间的关系如何善处的问题；对青年跋迦谈到方便具足（职业修养的完备）、守护具足（节约不浪费财物）、善知识具足（交结善友）、正命具足（正当的生活）四种安乐法；对当时的国王们讲到如何处理国内政治与睦邻问题。大乘经典则广说在家菩萨应当怎样修六度、四摄等等。

问：事实上出家不是像您前面所说的那样严格吧？

答：事实上在某些时期、某些地区，僧伽中存在着滥收徒众、滥传戒的现象。这种现象，在我国久已引起佛教界的忧虑。从历史的情况来看，佛教最兴盛的时代，并不是僧众最众多的时代；相反地，僧徒太多的时代，往往是佛教衰坏的时代。如唐代初年曾大量淘汰僧众，玄奘法师时代出家很严格，要经过考试，当时玄奘为取得出家资格，还曾经过了困难的手续，但是佛教当时最为灿烂。这不仅我国如此，其他国家也是如此。例如，15世纪缅甸有一位本来是高僧后来还俗做了国王的达磨悉提，他鉴于当时僧众之滥，曾经通令全国僧众重新受戒加入僧伽。由于他的严格整理，当时缅甸僧侣人数从数十万人减到一万多人，其余不够资格和不愿再度受戒的，均勒令还俗，缅甸佛教因此得到复兴。这件事说明僧伽是不应当盲目发展的。

问：听说有些国家的人民，人人都要出一次家，是吗？

答：缅甸、泰国等都有这个风俗，我国傣族地区过去也是如此。这并不是佛教规定的制度。这些地方一般儿童到七八岁时候，父母便送他们到寺庙出家，在寺庙中识字学经，过僧团生活，过了一定时期可以还俗。出家时期最短的只有几天，有的几个月，有的几年。如果儿童时未出过家的，长大后总要有一个时期出一次家。这种临时出家的人并不受沙弥戒，与发愿长期出家的不同。

问：听说日本僧人都有家室，是吗？

答：原来日本僧人都是没有家室的。公元12世纪时期，净土宗的一派——净土真宗的创始者亲鸾倡导带妻修行，开始娶妻生子。其后几百年中，这个制度只限于这一宗派。到明治维新后，僧人结婚的风气便在其他各宗派中流行起来。现在除少数宗派的少数僧人仍然过独身生活外，绝大多数僧人都有家室。他们的子孙世袭僧人的职业，这便形成了以在家佛教徒担任弘传佛教事业的制度。但是这种情况只是属于男僧人，今天日本的尼众还是出家如律持戒的。

问：出家男子为什么称为和尚？和尚是什么意思？

答：“和尚”原来是从梵文Upādhyāya（P.Upajjhaya）这个字出来的，这个字到了西域被读成“乌阇”，到了汉地又读成“和尚”，它的意思就是师。和尚本是一个尊称，要有一定资格堪为人师的才能够称和尚，不是任何人都能称的。这个称呼并不限于男子，出家女众有资格的也可以称和尚。但是后来习俗上这个字被用为对一般出家人的称呼，而且一般当做是男众专用的名词，这是和原来的字义不合的。

问：喇嘛是什么意思？

答：喇嘛是藏语，它和和尚是一样的意思。这个字也被滥用了，本来并不是每个出家人都能称为喇嘛的。正确的称呼是：出家的男人受十戒的称沙弥，受具足戒的称比丘；出家的女人受十戒的称沙弥尼，受具足戒的称比丘尼。

问：汉族地区习惯地称出家的男子为僧，出家女子为尼，这是否是正确的称呼？

答：僧是僧伽的简称，它的字义就是大众。僧伽是出家佛教徒的团体，至少要有四个人以上才能组成僧伽。所以一个人不能称僧伽，只能称僧人，正如一个兵士不能称军，只能称军人一样。出家男女二众都在僧伽之内，都能称僧人。把僧和尼作为男女的区别，是错误的。至于“尼”字，是从沙弥尼、比丘尼的字尾而来的，是汉族对出家女众的简称。还有在“尼”字下加上“姑”字的，则是习俗的称呼。

问：什么叫做法师？

答：法师（Dhammācariya）本是一种学位的称号，要通达佛法能为人讲说的人才能称法师，不是任何人都可以称的。还有较高的学位，精通经藏的称为经师（Suttācariya），精通律藏的称为律师（Vinayạ̄-cariya），精通论藏的称为论师（Abhidhammācariya）。更高的是三藏法师（Tipitakācariya），是遍通经律论三藏者的学位，如唐代玄奘、义净都受到这个称号。

问：什么叫活佛？

答：蒙藏佛教对修行有成就，能够根据自己的意愿而转世的人称为“朱毕古”（藏语）或“呼毕勒罕”（蒙语）。这个字的意义就是转世者或化身 。“活佛”乃是汉族地区的人对他们习俗的称呼，这可能与明朝皇帝封当时西藏地方掌政的噶举派法王为“西天大善自在佛”和清朝皇帝给达赖的封号也沿用了这一头衔多少有些关系。这种封号和称号在佛教教义上都是说不通的，其实蒙藏佛教中并没有“活佛”这个名词。又傣族佛教比丘被称为“佛爷”，这也是汉人习俗上错叫出来的，他们自己并没有这种称呼。

问：什么叫做僧王？

答：有些国家如泰国等，全国选出一位僧伽的领袖叫做僧王（Sangha-rāja） 。在斯里兰卡则每一僧派选出一位大导

泰国僧王智护尊者颂得帕耶纳桑文

师（Mahā-nāyaka），每一省或一市选出一位导师（Nāyaka）。僧王或大导师管理全国的僧务，导师管理地方的僧务。

问：为什么出家佛教徒要有僧伽这样的教团？

答：对个人来说，为了在学修上和生活上互相切磋、互相帮助，出家人必须过僧伽的团体生活。对整个佛教来说，要有出家佛教徒组织的教团来担负起“住持佛法”的责任。僧伽所以被称为三宝之一，就是因为它在佛教事业中的重要性。

问：僧伽的组织有没有什么原则和制度？

答：有六项原则，就是六和：戒和、见和、利和、身和、口和、意和。简单地解释一下：和就是和谐一致的意思，遵守共同的戒律（戒和），见解一致地共同修学（见和），平等受用合法的财物（利和），生活上互相照顾（身和），言语上互相劝善止过（口和），思想上彼此友爱敬重（意和），通过这六项来达到僧伽中的和谐一致。为了实现六和的原则，佛陀曾经为僧伽制定了许多制度。

问：有哪些重要的制度？

答：最重要的是羯磨（Kamma）制度。羯磨本是办事的意思，但僧伽中办事的方法是通过会议，所以它的完整的意思就是会议办事。比方有什么事情要办，要一定地界内全体僧众集会讨论决定，因事因病不能参加的人必须委托别人代为请假，并表示愿意接受大众的决定。会议开始前，执行主席（羯磨师）询问僧众是否已经齐集，是否有未受戒的人在场，知道僧众已经到齐，外人已经出场后，然后开会。首先报告开会目的，提出议案，大众讨论，做出决定。表决的方式，一般是口头问答，征求同意，同意的不说话，不同意的表示意见，如果大家都不说话，便是通过。有一种事经过这样一次征问，便作决定；有一种较重要的事要经过两次征问，才作决定；有一种更重要的事（如受戒或给某人以处分）要经过三次征问，才作决定。最后执行主席说："僧人默然故，是事如是持。"（既然大众都没有意见发表，这件事就是这样办了）另外还有一种表决方式，就是投筹（用有颜色的竹筹表示可否，等于投票）。关于这些，佛教典籍中有详细规定。这是世界上最古老的会议法，可以说是佛教的一个重要的创造和贡献。

问：僧伽中有没有定期的会议？

答：每半个月举行一次布萨羯磨（诵戒的集会）。僧众齐集念诵戒本，根据戒律，检查每个人半月中的生活。方式是自己发露（坦白说出过失），别人举过。每年雨季安居期满后，举行集会。这个集会名叫“自恣”，“自”的意思是自己发露，“恣”的意思是恣别人举出自己的罪过，从而忏悔，这仍然是检查生活的集会。至于商办事情是临时召集会议。

问：可不可以说释迦牟尼在僧伽组织中采用了某些原始公社的制度？

答：从它的民主制度和财务分配制度（平均分配、个人不蓄私财）来看，可以这样设想。但是在原始僧伽中，比丘是不事生产的。我国汉族僧人有从事农耕的习惯，提倡农禅生活，这是我国僧伽一个优良的特点。

问：羯磨制度，现在还实行吗？

答：布萨和自恣的制度在南方佛教国家中仍然实行，其他宗教性的如传戒羯磨也仍然实行，但是似乎大部分是作为宗教仪式保存着。今天我国也还有寺庙保存着布萨和自恣制度的。至于羯磨的民主精神，由于在长期封建社会中许多封建制度被引用到佛寺中来，特别是由于丛林清规被封建朝廷按照自己的意图加以修改推行，因而久已失去了其本来面目。

问：什么叫做丛林清规？

答：丛林就是大寺庙。僧众集合在一处，好像树木丛集成为森林一样，所以叫做丛林。清规就是丛林的僧众日常遵行的规制。这种规制是依据佛所定的戒律结合当时当地的实际情况，包括天时、地理、社会风习、国家法令以及宗派特点等等而定的。中国最古的清规创自4世纪东晋时代的道安，后来各代各派都定有僧制。唐代百丈禅师创立禅宗僧众的清规，久已失传。后来元代皇帝《敕修百丈清规》，那是根据封建统治者的需要而假托百丈之名修出来的东西，与百丈并无关系。后来这个清规经过明洪武、永乐先后下旨推行，于是代替了原来的各种僧制和清规而成为全国僧众遵行的规制。

问：关于僧众的礼节和生活习惯，可否请您谈一谈？

答：戒律中对于这些都有详细的规定，这许多规定南方国家的僧众保持得比较完整。北方佛教僧侣，由于气候、风土等等的差别以及历史的变迁，生活上有了许多改变，这里不能详细列举。请你提出所需要了解的问题，我们可以简单地谈一谈。

问：关于礼节问题，僧众中长幼之间的礼节怎样？

答：僧众的长幼是依受戒的年龄分别的。受比丘戒十年以上的称上座或长老（Thera），二十年以上的称大上座或大长

僧人间的礼节

老（Mahā Thera）。戒龄小的应当礼拜戒龄高的；行路时长者先行，幼者后行；坐时长者坐上座，幼者坐下座，或长者不叫坐不坐。所以南方国家僧人相见，必须问戒龄。一般比丘见大长老，必须脱鞋，偏袒右肩，然后礼拜。

问：在家佛教徒对僧人的礼节如何？

答：南方国家，在家佛教徒进入佛寺僧房，首先要脱鞋，见比丘礼拜。比丘叫坐时，坐低座或席地坐，不能坐比丘的床位，不能和比丘同桌吃饭。如果比丘到居士家，主人应当以干净的布铺在座椅上，请比丘坐下，然后礼拜。如果自己的儿子当比丘，父母也要礼拜。根据南方佛教习惯，在任何场合，比丘见到居士来访问或入会场，他们从不起立，居士向他们礼拜时，也不回礼，有时仅说一句：“愿你吉祥。”向他们送供品时，也是如此。小比丘和沙弥礼拜大比丘时，大比丘也不答礼。在我国比丘受居士或小比丘、沙弥礼拜时，可合掌答礼，座位高下除正式宗教仪式外不甚严格。

问：请您谈一谈关于饮食问题，如过午不食问题，吃素吃荤问题。

答：按照佛制，比丘午后不吃食物。原因有两个：（1）比丘的饭食是由居士供养，每天只托一次钵，日中时吃一顿，可以减少居士的负担；（2）过午不食，有助于修定。这个制度，今天南方国家仍普遍实行。最严格的只喝白水，连牛奶、茶、椰子水都不喝。但一般的僧人午后可以喝茶、汽水、果汁，也可以吃糖。我国汉族禅宗僧人从古有自己耕种的习惯，由于劳动的缘故，晚上非吃东西不行。所以在多数寺庙中开了过午不食的戒，但是被视为“药食”，持过午不食戒的僧人为数也仍不少。

问：戒条是可以开的吗？

答：比丘戒中除了不杀不盗不淫不妄四根本戒外，其余戒条平时应当“遮护”，在一定的情况下可以“开”（菩萨戒，一切服从“饶益有情戒”，在家菩萨为饶益有情故，四根本戒也可以开）。“开”与“遮”是戒律上的术语。如以过午不食为例，平时应当遮，但遇有某种疾病如必须午后进食的人，则可以开。我国僧人因劳动的缘故必须开过午不食的戒。禅宗寺庙把吃晚饭叫做房餐，本来是给参加劳动者在房里吃的，而不是在斋堂中大家吃的，但是后来不劳动的人也吃起晚饭来了。

问：南方国家的僧人吃“荤”，是否也是开戒？

答：南方国家僧人的饭食，或是到别人家托钵乞食，或是由附近人家轮流送饭，所以他们有什么吃什么，不论素食或肉食。比丘戒律中并没有不许吃肉的规定。我国大乘经典中有反对食肉的条文，我国汉族僧人是信奉大乘佛教的，他们受比丘戒外，并且受菩萨戒，所以汉族僧人乃至很多居士都不吃肉。从历史来看，汉族佛教吃素的风习，是由梁武帝的提倡而普遍起来的。蒙藏族僧人虽然也信奉大乘，但是他们的地方蔬菜极少，不食肉不能生活，所以一般都吃肉。但他们和南方国家佛教徒一样，对汉族佛教吃素的习惯，都是很赞叹的。至于“吃荤”的“荤”字，是专指大蒜、葱这些气味浓烈、富于刺激的东西，是大小乘戒律所同遮禁，南北佛教徒所共同遵守的。我们把“吃荤”和“吃肉”混同起来说，那是错误的。

问：听说南方国家居士们供饭，必须将盘碗送到比丘手上，不这样，比丘就不能吃，是吗？

答：是的。因为比丘要守“不与不取戒”（即不偷盗戒），不仅是饭菜，供养任何东西都是这样，不交到他们手上，他们便不能取。

问：听说还有比丘手不捉持银钱的，是吗？

答：是的。比丘戒中本有这一条，这是为了防止蓄私财，起贪念。现在还有人遵行。南方比丘旅行时须带俗人随从替他管银钱的事。但是为了种种不便，这个戒条在南方国家中现在也不太严格了。

问：请谈一谈僧人的衣服问题。

答：根据佛教的制度，比丘衣服有大中小三件：一是用五条布缝成的小衣，我国俗称为五衣，是打扫劳作时穿的；一是七条布缝成的中衣，我国俗称七衣，是平时穿的；一是九条乃至二十五条布缝成的大衣，我国俗称祖衣，是礼服，出门或见尊长时穿的。三衣总称为袈裟（Kasāya）。袈裟本是一种颜色的名称，因为佛制僧人必须穿染衣，避用青黄赤白黑五正色，而用一种杂色，即袈裟色。我国旧译袈裟色是赤色，南方佛教典籍则说是一种橙黄色，可能是一种赤黄混合色。根据我国佛典记载，佛教在印度分了部派后，各部派衣色便有了区别，有的是赤色，有的是黄色，有的是青黑木蓝色。但据6世纪印度来华高僧真谛法师说，各部派衣色实际都是赤色，所谓青黑木蓝，仅是些微的差别。现在缅甸、斯里兰卡、泰国、柬埔寨、老挝、印度、尼泊尔诸国的僧服都是黄色，仅有深浅的不同。我国汉族僧人的袈裟，祖衣是赤色，五衣七衣一般都是黄色。蒙藏僧人的袈裟，大衣是黄色，平时所披的中衣近赤色。北方气候寒冷，僧众三衣不够，所以我国僧众在袈裟里面另穿一种常服，这种常服是就古代俗人的服装略加改变的。常服的颜色，明代皇帝曾作过规定，修禅僧人常服为茶褐色，讲经僧人蓝色，律宗僧人黑色。清代以后，没有什么官方规定，但律宗寺院自清初见月律师重兴后，一般僧人常服均为黄色。缅甸佛教徒特别忌穿黑衣，因为在缅甸古代曾有一种邪教僧人穿黑衣，多行非法之事，后来严行禁绝。蒙藏教徒也忌穿黑色衣服。

问：请谈一谈关于僧人剃发的问题。

答：根据佛制，剃发、染衣、受戒是取得僧人资格的必要条件。剃发、染衣的用意是为了舍弃美好装饰，实行朴素无华的生活。一般出家人也不留胡须，但我国有一部分僧人留须，他们认为出家时应剃须，此后可以留。南方国家的僧人则一律不留须。至于受戒并不需要在头顶上烧戒疤。除汉族外，其他民族僧人都没有烧戒疤的规矩。这可能与《梵网经菩萨戒本》燃身供养之说有关。唐朝已有炼顶（以艾燃顶）的习俗，这个习俗形成普遍的制度，据说是在元代。当时异族统治者想借以识别真假，防止抗拒法令的人民逃到僧众里面去。这话尚待查考。

问：关于僧人生活习惯的问题，已经知道了一些了。现在想请您谈一谈佛陀时代僧伽中一些主要的人物。请问释迦牟尼的弟子中最著名的有哪些人？

答：有十大弟子：舍利弗（Sāriputta）、目犍连（Moggallāna）、摩诃迦叶（Mahākassapa）、须菩提（Subhūti）、富楼那（Purāṇa）、摩诃迦旃延（Mahākaccāna）、阿那律（Anuruddha）、优波离（Upāli）、罗睺罗（Rāhula）和阿难陀（Ānanda）。这十大弟子各有特长，其中如舍利弗被称为智慧第一，目犍连神通第一，优波离持戒第一，阿难陀多闻第一。舍利弗、目犍连二人最为佛所器重，是僧众的上首，他们都在佛涅槃前逝世。佛涅槃后，代佛统率大众的是摩诃迦叶，其后是阿难陀。

问：一般佛寺中，立在释迦牟尼像两旁有两位比丘像，他们是谁？

唐代阿难陀像
（甘肃敦煌莫高窟第45窟彩塑）

答：有一老一少的像，老的是摩诃迦叶，少的是阿难陀。也有两比丘像是年龄相若的，则是舍利弗和目犍连。这种像只是我国汉族佛寺中有的，南方国家的佛寺一般只供释迦牟尼佛像，供弟子像的很少。

问：佛的弟子中有什么遗迹留存吗？

答：1851年英国人孔宁汉（当时的印度考古局局长）在印度孟买东北五百四十九英里一个名叫山奇（Sanchi）的地方，对那里的几座古塔进行发掘。在一座塔里面，掘得两个大石函，函盖上分别刻着舍利弗和目犍连的名字，里面藏着他们两位的灵骨。这两份灵骨被英国人劫走，存置在伦敦维多利亚爱尔保博物馆。印度独立后，才向英国交涉取回，现仍供在山奇。山奇这个地方过去不甚知名，但是近代发现很丰富的佛教文物。公元前3世纪阿育王所造的大塔仍然完整存在，据说是他所造的八万四千塔中唯一留存的一座。塔的四面各有雕刻的石门，极为精美。由于许多宝贵的古迹，特别是由于两位大阿罗汉舍利的发现，山奇现在已经成为印度重要的佛教圣地之一。

问：汉族佛寺中常见到十八罗汉像，那是什么人？

十八罗汉像

（北京潭柘寺大雄宝殿彩塑）

答：应当是十六罗汉（罗汉即阿罗汉的简称，又称十六尊者）。据经典说，有十六位佛的弟子受了佛的嘱咐，不入涅槃。公元2世纪时师子国（今斯里兰卡）庆友尊者作的《法住记》中，更记载了十六阿罗汉的名字和他们所住的地区。这部书由玄奘法师译出之后，十六罗汉便普遍受到我国佛教徒的尊敬。到五代时，绘图雕刻日益普遍起来。后来画家画成了十八罗汉，推测画家原意可能是把《法住记》的作者庆友和译者玄奘也画在一起。但后人标出罗汉名字时，误将庆友列为第十七位住世罗汉，又重复了第一位阿罗汉的名字成为第十八位。虽然宋代已经有人指出了错误，但因为绘画题赞的人有的是名书画家和文学家，如贯休、苏东坡、赵松雪等人，所以十八罗汉便很容易地在我国流传开来。

问：我国许多佛寺中有五百罗汉像，他们是什么人？

答：印度古代惯用“五百”、“八万四千”等来形容众多的意思，和我国古人用“三”或“九”来表示多数很相像。五百比丘、五百弟子、五百阿罗汉，在佛教经典中固然是常见的，但并不意味着是固定的数字。可是随着十六罗汉的崇奉，五百罗汉像也便在五代时期见于绘画和雕塑，不久便有许多寺庙建立了五百罗汉堂。后人又附会地列举五百罗汉的名字，其实都是没有根据的。至于近代某些寺院中塑造的五百罗汉像，许多形象都是出自匠人的臆造，或者采自神话小说，以至流于怪诞，失去了佛的出家弟子应有的合乎戒律的威仪。

问：佛教寺庙中有许多菩萨像，他们是什么人？

答：汉族寺庙中供的菩萨像，主要的是文殊师利（Mañjuśrī）、普贤（Samantabhadra）、观世音（Avalokiteśvara）、地藏（Kṣitigarbha）。

问：您前面不是说过，任何志愿自度度他、自觉觉他的人都可称为菩萨，为什么这些菩萨被当做神一般地崇拜呢？

答：志愿自度度他、自觉觉他，叫做发大心，又叫做发菩提心。初发大心的人固然也可以称为菩萨，但没有得到实证以前仍然是在凡夫的地位。发了大心，依照戒定慧三学修习，实行六度四摄，经过无数生死，最后才能成就佛果，其间有三贤十地五十二位等阶梯。文殊师利等是居于菩萨的极地的，是等觉位菩萨。大乘经典特别称道文殊师利的大智、普贤的大行、观世音的大悲、地藏的大愿，所以这四大菩萨特别受到教徒的崇敬。我国五台山被认为是文殊师利的道场，峨眉山是普贤的道场，普陀山是观世音的道场，九华山是地藏的道场，称为四大名山。由此可以看出四大菩萨在我国佛教徒心目中的重要地位。

问：四大名山国际上也知名吗？

答：五台山是文殊师利道场，这是见于大乘经典的，所以古代有不少从印度和西域来的高僧来朝拜。尼泊尔并且有这么一个古老的传说：加德满都（尼泊尔首都所在地）山谷地

地藏像

（大英博物馆藏敦煌藏经洞绢画）

区，原来是一个大湖，文殊师利由中国五台山到那里去，劈开了一座山岭，将湖水排去，让随他同去的人们安居下来，这才建立了尼泊尔国。所以尼泊尔人民对文殊师利和五台山特别有亲切的感情。至于普陀山之成为观世音道场、九华山之成为地藏道场，则和日本、朝鲜佛教僧人有关系。

问：汉族寺庙的前殿一般供着一个笑面和尚像，他是谁？

答：是弥勒菩萨。佛教预言，将来释迦牟尼佛的教法灭尽了之后，经过很久远时期，弥勒菩萨将在这个世界上成佛说法。由于这个原因，弥勒菩萨也受到普遍的崇敬。中国历史上常有假托弥勒降生以号召农民起义的事，如元代弥勒教之类。至于笑面和尚像，并不是弥勒像，而是五代一个和尚名叫“契此”的像，这个和尚经常背着一个布袋，人称为“布袋和尚”，相传是弥勒化身，所以后人塑他的像作为弥勒来供奉。有人认为，汉族寺庙供奉布袋和尚像，可能受了弥勒教的影响，因为弥勒教的产生地就是布袋和尚的家乡浙江奉化，所以有理由推断布袋和尚的形象是因弥勒教而普遍流行开来的。

第四章　佛教在印度的发展、衰灭和复兴

问：请简略地介绍一下佛教在印度的历史概况。

答：佛陀逝世后一千六百余年中，印度佛教在组织上和思想上经过分化、发展和衰坏的过程，最后消灭于公元12世纪时代。

问：印度今天不是还有佛教吗？

答：印度今天的佛教是公元19世纪后期才由斯里兰卡重新传入的。在此之前七百年中，印度没有佛教。

问：印度佛教在它的一千六百多年历史中有哪些重要的阶段？

答：从学说的思想发展来看，可以把印度佛教分为五个时期：第一，佛逝世后约一百年之间为原始佛教时期；第二，在这之后约四百年之间为部派分裂时期；第三，此后约四百年为大乘中观学派兴盛时期；第四，此后又约四百年为大乘瑜伽学

派兴盛时期，这一时期的后期，密宗颇为流行；第五，最后约三百年为密宗盛行时期。

问：所谓原始佛教时期的情况是怎样？

答：在这一时期中，佛弟子们在教团生活上一般维持着佛在世时一向的设施和惯例，在学修上奉行着四谛、八正道的根本教义，没有什么重大的争论。这一时期，用佛教的话说，是“和合一味”的时期。但是所谓“和合一味”，仅能说是大体上的一致，不是没有见解上和主张上的歧异。即以这一时期开始时的第一结集为例，在结集中就曾有关于“小小戒”（微细的戒律）是什么和要不要废除的不同意见。另一方面，由于时间和地点的条件，多数僧众没有能够参加结集，分散在各地的大弟子们也有未能参加的，他们不会没有认为需要补充或修正的意见。如富楼那（十大弟子之一）除在事后承认结集的佛法外，又声明：“我从佛得闻之法，亦当受持。”他和摩诃迦叶讨论戒律时，对“内宿”（僧人住处留藏食物）等八条戒条，他认为那是佛制定之后又开了的，迦叶则认为是开了之后又重制定的，终于各行其是。

典籍中又有跋波（最初五比丘之一）在窟外另行结集的记载。这些事实说明当时的统一之中存在着差异。佛在世时，于不同的时机，对不同的人，说不同的教法。弟子们或因佛说法

迦叶像
（甘肃敦煌莫高窟第 45 窟彩塑）

的时机不同而有听受的不同，或因各人的根性、专长和学修方法的不同而有了解和悟入的不同，这也是可以想见其然的。

在第一结集之后，长老们分别率领僧众在各方弘化，师弟相承，渐渐各自形成传承的系统。他们传授的教法和戒律互有异同。各个传承系统很自然地按照地域划分其势力范围，日久之后，不能不受到各地环境的影响而具有各自的特色。在学说思想方面，有的态度偏于自由进取，对佛所说的教法，但取大意，对戒律的受持，也有所通融；有的偏于固执保守，拘泥教条，不敢出入；有的介乎二者之间。这种情形，发展下去，势必引起后来部派的分裂。

问：部派分裂时期的情况怎样？

答：佛教教团最初分裂为上座部和大众部两大派，这是佛陀逝世后约一百或一百余年的事。当时直接引起分裂的原因是由于僧众们在戒律问题上的争执。据说有一位西方波利族比丘名叫耶舍的，游化到东方的毗舍离城，看见跋袛族比丘们劝令在家信徒布施金钱作僧众购买所需之用。耶舍认为比丘乞受金银不合戒律，于是提出异议，遭受到跋袛僧众的摈斥。耶舍便往西方各地邀请上座比丘们到毗舍离集会，结果判决跋袛比丘们为非法（根据上座记载，除乞受金银外，尚有其他九事非法）。这便是第二结集，因为集合的有七百人，所以又称“七百结集”。跋袛比丘们大多数不承认这个判决，他们另外召集了一万比丘举行结集，这便造成了教团的分裂。

问：为什么这种判断是非的集会也称为结集呢？

答：两个集会都进行了经律的结集。七百比丘的结集，费时八个月之久。万人结集的时间虽未见记载，想也不会很短。可见两派要求解决的不止是关于乞受金银这一问题，而是要求通过经律的再一次编定来贯彻自己一派的主张。拿两派的戒律两相比较，大众部的僧袛律较简略而多通融，上座部的十诵律则繁密而严格；僧袛律对微细戒条多有舍弃，对于开戒（包括乞受金银在内）多有方便，十诵律则与此相反。显然，第二结集是第一结集之后百年间教团内部矛盾发展的必然结果。七百结集的参与者多数是上座长老，所以这一派被称为上座部（Theravāda）。今天南方国家的佛教徒自称为上座部，因为他们出自上座部的传承。跋祇族比丘举行万人大会，这一派人数众多，所以称为大众部（Mahāsaṃghika）。

问：两派的矛盾是否仅是戒律问题？

答：最初主要是戒律问题上的争论，但是两派为学的精神不同是其主导原因。上座部严格持守戒律，致力于修习禅定，注重自己内心的修持；大众部则广学多闻，致力于弘传教法，注重接引群众。这两种不同的精神，不仅引起了戒律问题的争论，而且促使后来佛教在教理上、学说上在各个时期不同的发展。

问：在第二结集之后，还有没有部派分裂的事？

答：最初分立的上座、大众二部称为根本二部。后来由于佛教流传地区日广，各地的传承既有不同，而各地风土人情的不同又必然要求说法和制度的改变，因之学派渐渐繁多起来。从第二结集到佛陀逝世后约四百年之间，上座、大众的根本二部又先后分裂为十八部或二十部。关于诸部派分裂的次第、年代乃至名称有不同的传说。由上座部直接分出的最大的一部是说一切有部（Sabbatthivāda），此外较重要的是跋祇子部（Vajjiputtaka，或称犊子部）和化地部（Mahiṃsāsaka）。据大众部传说，上座部最初分出分别说部（Vibhajjavāda），它采取大众部的一些学说，成为独立的部派，与上座、大众成鼎足之势。但根据上座部的说法，分别说部乃是上座部的异名。大众部早期分出的三部是一说部（Ekavyohārika）、说出世部（Lokottaravāda）和鸡胤部（Gokulika，或称牛王部）。大众部后期分出的制多山部（Cetiyavāda）是最大的一个部派。

问：各部派的学说有很大的不同吗？

答：上座、大众根本两部在教义上有较大的差别，至于支末部派，一般地说，与根本部差别不大。上座部学说可以拿说一切有部为代表，因为说一切有部是上座部中最早的和最大的一个部派，它传下来丰富的论藏典籍。大众部没有什么论著留传下来，只是从某些史籍记载中看到它的一些论点。

问：可否把上座部和大众部的学说简略地介绍一下？

答：可以举几个问题来谈。

第一，对于事物（法）的认识问题。在未谈之前，先要介绍两个术语：（1）有为法，一切依借因缘而有造作生灭的事物都叫做有为法；（2）无为法，不依借因缘，本来不生灭的事物是无为法。如涅槃、虚空（万物都在虚空中生灭，而虚空的无碍性则不依借因缘而本自存在）等，都是属于无为法。说一切有部和大众部都认为无为法是实在的。至于对有为法的看法，大众部认为一切有为法依借因缘而生灭，过去的已经灭了，没有实体，未来的没有生起，也没有实体，仅仅现在一刹那中有体和用（作用）。说一切有部认为一切有为法，如果本来没有，即使具备了条件，也不能生起，如龟不能生毛，兔不能生角，所以任何一法，它的体都是永恒存在的，只是作用没有生起的名为未来，作用已经生起的名为过去，作用正在生起的名为现在。因此这个部派的主张是三世（过去、未来、现在）实有与法体恒有。法体虽有，但是它的作用的生起要依借于诸法的集合以及前后的关系（因缘），绝没有单独能起作用的。既然各个法的自体没有作用，所以没有常一主宰的我。这一种说法是我空法有论，而大众部说法接近于我法两空论。

第二，对于佛陀的认识问题。大众部认为生灭于人间的释迦牟尼佛是化身而不是实身，佛陀的实身是积累极长时期的修行而成的；佛陀的色身、寿命和威力都是无边际的，佛陀永远化度众生无有疲厌；佛所说的一切语言都是随机说法，佛以一音说一切法。说一切有部不承认释迦牟尼是化身佛之说，认为佛所说的语言并不全部都是经教，佛并不是以一音说一切法。

第三，对于声闻和菩萨的认识问题。大众部强调菩萨广度众生的慈悲愿力，轻声闻而贵菩萨。说一切有部虽承认声闻、缘觉、菩萨能修行的根性和所修行的道路有差别，但认为佛与二乘（声闻与缘觉）所得的解脱是没有差异的。

此外，在其他一些问题的认识上和修行实践的方法上都有不同之处，这里不列举了。

问：在部派分裂时期中还有什么其他重大的事件发生吗？

答：佛教史上一件关系极为重大的事发生在这个时期，那便是阿育王大弘佛法。在阿育王之前，佛教的传播只局限于中印度恒河流域一带，由于阿育王的努力，佛教不仅传遍五印度（东、西、南、北、中印度），而且传到亚洲、北非、希腊等许多国家，一跃而成为世界性的宗教。

问：阿育王是怎样的一个人物？

答：阿育王（Asoka，或译为阿输迦王，或意译为无忧王）是公元前3世纪摩揭陀国的国王。他的祖父是印度古代著名的民族英雄旃陀罗笈多（有人根据他的名字而考证他是有旃陀罗种姓的血统的，阿育王也曾被称为旃陀罗阿输迦）。旃陀罗笈多是公元前4世纪摩揭陀国人，被国王放逐流徙在西北印度。当时亚历山大侵入印度，占领五河一带，威胁恒河平原。旃陀罗笈多举起义旗，聚合西北民众赶走了希腊驻军，然后回到摩揭陀国，推翻了难陀王朝，成为摩揭陀国孔雀王朝第一代君主。他统一中、西、北印度，使摩揭陀国成为强大的帝国。公元前273年，雄才大略的阿育王继承他父亲宾头沙罗登上了王位，他发扬光大了先人志业，在历史上第一次实现了全印度的统一。他征服南印度羯陵伽国的时候，看到了战争的惨状，大动悔悟之心，从此放弃了由武力征服的办法，而皈依了佛教。他一方面实行转轮王理想的政治，兴办巨大的水利灌溉工程，修筑从摩揭陀国到伊朗的国际大道，发展国内经济和国际贸易；一方面大力传播佛教。他设置一种司掌宗教工作和慈善事业的官职，名叫“正法大官”，派遣他们和传教师们到各地宣传佛教。他的儿子摩晒陀（Mahinda）、女儿僧伽密陀（Samghamittā）（两人都出了家为比丘、比丘尼），也先后被派往师子国（斯里兰卡）。当时东至缅甸，南到斯里兰卡，西到叙利亚、埃及、希腊等地，都有佛教的传播。

问：我国旧时传说，秦始皇时代曾有印度僧人室利房等十八人来华传教，有没有这件事？

答：这件事不见我国的正史记载，但是秦始皇和阿育王是同时代的人，当时阿育王派遣一批传教师来到中国也是可能的事。阿育王的祖父时代一部文献中曾提到中国丝织品（梵文里有关丝的字，如Cīnapatta即成捆的丝，Cīnasukka即丝织衣服等，都有Cīna“支那”这个字作组成部分），可见秦始皇之前，中国与印度已经有了往来。

问：阿育王弘扬佛教的原因是什么？

答：摩揭陀原来是释迦牟尼教化的根据地。佛教最初就得到摩揭陀国及其邻国国王们的支持，阿育王的祖父笈多王也是一位佛教的护持者。这个事实反映着当时印度的刹帝利（国王）和婆罗门（僧侣）的冲突，而且据我看，也反映着当时恒河流域的新兴国家中新兴地主们和商主们对领主割据势力的冲突。历史事实证明，孔雀王朝的国王们本身就是善于经营的大商主。婆罗门神权和种姓制度所支持的领主割据势力严重阻碍着农业上灌溉系统的兴建和商业上国内外贸易的畅通，因此，反对神权及种姓制度、主张众生平等的佛教受到当时民众的拥护，尤其是受到新兴地主阶级和商人们的欢迎。另一方面，佛教慈悲安忍的教义，在摩揭陀帝国统治者看来，对国内统一事业的巩固和国际友好关系的发展，是有利无害的。当阿育王从亚历山大穷兵黩武的后果中，从他自己征伐时遭到顽强抵抗的经验中，认识到必须改变武力政策而采用怀柔政策的时候，他便选择了“法轮”作为他的政治武器。

问：阿育王弘扬佛教在学术文化上起了一些什么影响？

答：当时佛教的传播对亚洲各国以及东方和希腊、叙利亚、埃及等国家的文化交流，起了深远巨大的作用。阿育王生前巡礼各地佛迹时铭刻了许多石柱，他又在各地崖壁上刻了许多法诰（根据佛法而颁布的各种教诰），这些遗物至今还有留存和陆续发现的，对古代历史提供了极为重要的资料。

问：阿育王传布佛教之举对当时部派的兴起有没有影响？

答： 阿育王时代，佛教大约已经分为四个部派。各部派分往各地传教后，受到了各地不同环境的影响，在形式上和学说上有了不同的发展，这便促成了更多部派的产生。

问：关于阿育王时代举行的第三次结集的情况可否再谈一些？

答： 关于第三次结集的经过，我在前面谈到佛教经籍时，已经讲过了。根据南方佛教记载，阿育王大弘佛教之事，就在结集之后。最近在八纳（阿育王故都）发掘出阿育王建筑的一座宏大寺院的遗址，里面有一百根石柱的大讲堂，并有许多僧房和水池，有人说这可能就是第三结集的处所。但是关于第三结集的事，北方所传典籍中没有记载。

问：阿育王之后又有什么大事发生？

答： 阿育王大弘佛法后，三百年中，佛教在中亚各国获得坚固的根据地，更向东发展而传来中国，流布地域日见推广。但是在印度境内，佛教却遭遇了厄运。阿育王逝世后不到五十年，孔雀王朝为巽伽王朝所代替。受到婆罗门国师的助力而篡得王位的富奢蜜多罗王崇拜婆罗门而严厉地排斥佛教，毁坏塔寺，杀戮僧众，使印度佛教一时陷于黑暗的时代。幸而巽伽王朝的统治权力仅限于中印度，他的排佛运动没有波及到南印度与西北印度。当时佛教徒多避难于西北，也有逃到南方的，因而促进了北方佛教的兴盛和南方佛教的发展。当时统治北印度的是大夏国弥兰陀王（希腊族），弥兰陀受了那先比丘的教化皈依了佛教。至今传存着他和那先比丘关于佛教的问答，汉文译本称《那先比丘经》，巴利文本称为《弥兰陀王问经》。大家都知道的犍陀罗佛教美术，就是从这时候开始逐渐兴起的。

问：当时南方佛教的情况怎样？

答：关于当时南方佛教情况，缺乏资料。可以知道的是：由于阿育王派到南印度去传教的是大众部僧众，所以大众部学说在南方盛行而为兴起于南方的达罗维荼民族所接受。达罗维荼人建立的案达罗国在公元前28年灭了中印度的康发王朝（巽伽王朝的后一朝代），并有其土地。此后，中印度的佛教似乎稍稍有了起色。与案达罗人入主中印度同时，大月氏人灭了西北印度的大夏王朝而创立贵霜王朝，印度历史自此进入南北朝时期，直到公元4世纪笈多王朝时才再统一。在此时期中，南朝佛教情况很难知道其详，北朝佛教则在公元2世纪迦腻色迦王（Kaniśka）时期最为兴盛。

问：迦腻色迦是怎样的人物？

答：关于迦腻色迦的事迹很少有记载，但是在护持佛教方

马鸣尊者

面，他有阿育王第二之称。据说他从前也像阿育王初期那样多所杀伐，后来得到胁比丘（Pārśva）的教化，皈依佛教。从遗迹看来，迦腻色迦时代建造的塔寺和佛像很多，而且在艺术上有很大发展。如在佛塔的形式方面，改变了印度向来的复钵式，而创建了五层楼阁式的佛塔；在造像艺术方面，参酌希腊、印度两地不同形式而自成风格，使犍陀罗佛教美术发展到高峰。迦腻色迦王又由中印度罗致当时佛教大文学家马鸣（Assaghosa）到迦湿弥罗（Kasmīra），使佛教文学获得辉煌的发达。从这些事实中可以想见佛教在这时代兴盛的情况。迦腻色迦王对佛教贡献最大的就是在他发起和护持下举行了一次重要的结集。相传他曾向一些人询问教理，所得到的解答各有不同。他感到学说纷纭，莫衷一是，于是依从胁比丘的指导，召集世友（Vasumitta）以下的硕学比丘五百人在迦湿弥罗纂辑三藏，并加以编述注释，共三十万颂，九百多万言，历时十二年方始完成。其中一部分就是《大毗婆沙论》，是属于说一切有部的一部重要的巨著，我国有新旧两种译本。

问：这时期，除了有部得到提倡弘扬之外，其他部派的情况怎样？

答：当时迦湿弥罗地区，有部最为兴盛，但其他各部派也都很发达。与大众部有关而和有部对立的大乘思想这时流行于印度各地，在思想界中有着广泛的影响。迦腻色迦王所尊事的马鸣就是一个具有大乘思想的人。这时期可以说是大乘学说经过长期酝酿而趋于成熟的时期，但是大乘佛教的大兴，还有待于稍后一个时期的龙树大师。

龙树尊者

问：龙树是怎样一个人？

答：龙树（Nāgārjuna）是公元二三世纪间的南印度人，原来是一个婆罗门学者，后来皈依佛教，出家受戒，在雪山从一位老比丘受到大乘经典，由此智慧无碍。当时许多哲学家们都被他的雄辩所折服。他感到所读到的佛经虽然深妙，但是道理还有未尽发挥的，随后又从别处得到许多大乘经典，他便造了许多论著以阐明发挥经义。他的学说迅速地流布印度各地，从此大乘佛教便大为兴盛起来。

问：龙树学说的主要内容是什么？

答：龙树主张的是"诸法实相论"。前面说过，在对于事物的认识问题上，有部认为一切法的自体是永恒存在的，只是它的作用的生起，要依借于因缘。龙树则与此相反，认为一切有为法只是因缘和合所生的现象，没有常住不变、单独存在的自体。譬如众木聚生而为林，林只是个假名，除众木外，别无自体（无自体也叫做"无自性"）。所以龙树说："因缘所生法，我说即是空，亦为是假名，亦是中道义。未曾有一法，不从因缘生，是故一切法，无不是空者。""空"乃是一切法的真实相状。

问：这是不是一种否定一切的怀疑论？

答：为了便于判断，需要再作些说明：（1）一切法空的理论是建立在一切法互相依存的因果律的基础之上的，所以它不是否认因果律的。（2）这里所说的空，不是空无之空，它是绝待的，不能认为是有，也不能认为是无，不能认为是生，也不能认为是灭，一切经验上的有无、生灭、来去等等概念都说不上，不是我们的觉知分别所能得其实际。所谓非有非无，非生非灭，一切皆空，所以说是“空不可得”。（3）对于事物的认识，龙树说有二谛，这是就一件事物的两面来说的：从现象来说为世俗谛（相待的世间真理），从本质来说为第一义谛（绝待的真理）。从世俗谛来看，宇宙万有，无量差别，种种相状，种种功用，种种生灭、来去、同异、是非、得失等现象和因果关系，历历分明而有；从第一义谛来看，虽有万象差别，而当体空不可得。空与有在因缘所生法上是统一的，因此世俗谛与第一义谛是二而不二的，这便是“不坏假名，而说实相”的道理，这也便是龙树的“中道义”。

问：龙树之后，大乘有什么发展？

答：龙树之弟子提婆是龙树的得力的继承者和弘扬者。提婆也有许多著作，着重于破斥外道（佛教对非佛教的宗教和哲学，均称为外道），因此遭到杀害，但是大乘学说更为发达。同时，有部、经量部和其他部派始终与大乘相抗行，也都很发达。大乘佛教和部派在互相争论辩难中，

笈多王朝的佛像雕刻
（印度新德里总统府藏品）

都在思想上有所发展。到了公元四五世纪的笈多王朝，大乘佛教产生了一个新的学派——瑜伽系（Yogācāra），与原来龙树的学派——中观系（Mādhyamika）并称为印度大乘佛教的两大思潮。

问：请简略介绍一些笈多王朝的情况。

答：笈多王朝在印度史上是与孔雀王朝媲美的一个王朝。它是公元320年左右在中印度兴建起来的，月护王是这个王朝的创始者。第二代海护王统一了五印度，国势大盛。第三代月护二世王更向西方扩展，并发展了海外贸易交通，远及埃及诸地。随着政治与经济的兴隆，当时印度的文化学术也呈现着灿烂的光彩。笈多时代的佛像雕刻被认为是印度历代雕刻中很完美的作品，其他艺术、文学方面都有很高的成就。我国法显法师5世纪初西游印度时，正是月护二世王在位时期，他的《佛国记》中曾记载他当时见闻的盛况。至于宗教哲学方面，当时婆罗门教神学有很大发展，其他学派如数论、胜论等颇为兴盛；佛教在这时期也有了重要的建树，出了不少大学者，其中无著（Asanga）和世亲（Vasubandhu）两兄弟是最为特出的人物，他们就是瑜伽系的创立者。

问：无著和世亲是怎样的人物？

答：无著是北印度人，原来是有部的僧人。传说，他因为对有部教理感到不满足，乃上升兜率天（弥勒菩萨所居住的天上），向弥勒菩萨请问大乘空义（一说弥勒下降为他说法），于是大得悟解。他传出了弥勒的五大部论，并且写了许多著作，以阐明大乘教义。有人考证，无著所师事的弥勒，大概是一位属于瑜伽师（有部中专修禅定的人，称瑜伽师，即禅师）的大乘学者，而不是兜率天的弥勒。世亲是无著之弟，原来也是有部的学者，后来听从无著的劝导，改学大乘，大弘无著的学说。世亲著作极多，被称为千部论师。

问：瑜伽系学说的主要内容是什么？

答：瑜伽系的学说，内容极为繁博，包括方面甚广，现在只就宇宙观问题简略地介绍一些。在这个问题上，瑜伽系继承诸法实相论而加以补充和发展。它认为实相应该有两方面，既不是有自性，又不是一切都无所有，这样的认识才是离开有与无的执著，才是中道。瑜伽系说诸法自性有三种：一切法都是依众缘而起，这便是“依他起性”；依他起的万物由于凡夫的种种虚妄思量分别（周遍计度），而有种种虚构的体相在心上现出来，其实这种种体相完全是没有的，这便是“遍计所执性”；在依他起上离开虚妄分别，便证到圆满成就的真实，或叫做“真如”，或叫做“实相”，这便是“圆成实性”。这三性可以用一个比喻来说明，遍计所执好像是夜间行路看见一条绳而误认为蛇，其实蛇没有而似有；依他起好比是绳，绳的体由因缘所生，只是假有；圆成实比如绳体的麻，则是真有。从三性的里面来观察，又有三无性：第一，遍计所执的相是没有的，这便是相无性；第二，凡夫认为自然而有的事物，只是因缘所生而已，这便是生无性；第三，诸法的实相，是空不可得，这便是胜义无性。

问：“三性三无性”的说法，与龙树的二谛有什么不同？

答：“三性三无性”的说法仍然是以缘起性空论为基础

的，但以前龙树的“一切皆空”论只是就三无性的一边说的，瑜伽系则同时主张三性，而且详于阐说三性一边的道理，它大量采用了有部的“名相”（即术语）而加以组织来分析说明一切法的类别和关系，特别指出在依他起中应当认识一切法都是识所变现，所谓“万法唯识”的道理，这是中观系所没有的。

问：佛教既认为根（眼、耳等）境（色、声等）相合，才有识的发生，如何又说万法唯识呢？

答：唯识家认为我们眼识所见的色，耳识所听的声，鼻识所嗅的香，舌识所尝的味，身识所触的坚、湿、暖、动等，都不是事物的本身，而是五识依着五根托外界事物为“本质”而变起的“影像”。所以识有两种功能：一种就是能够变起影像的功能，叫做“相分”；一种是能够了别影像的功能，叫做“见分”。我们的一切知觉无非是自己识上的见分对相分的了别而已。

问：这种说法，只能说明我们主观对客观世界的反映，并不能说明唯识的道理。因为照唯识家的说法，也必须先有外界事物才有相分；有了相分，才有见分。换句话说，仍然是根境相合才有识的发生，根与境都是离开识而存在的，倒是识不能离开根境而存在。

答：唯识家主张六识之外，还有两个识——第七末那识（mana）和第八阿赖耶识（ālaya）。末那意译为“意”，是第六意识所依之根，它有一个单纯的作用，就是恒常不断地执持“我”的思想。由于“我”的思想，人们在接触外界事物时，便有爱憎、好坏、是非、彼此种种意识活动。阿赖耶意译为“藏识”，它能保藏一切事物的“种子”不使失坏。“种子”在这里是一个借用的名词，它的实际意义是能力，或者是潜势力。阿赖耶藏的种子有两类：一是名言种子，“名言”用现代语说，就是概念。我们前七识所见闻觉知的东西留着印迹于阿赖耶识上面，用唯识家的术语，这叫做“熏习”，好像用香熏衣服，衣服便留着香气那样。熏习所成的便是作为潜势力而存在的种子。二是业种子，就是我们的意识所造的善业、恶业熏在阿赖耶识上的种子。由阿赖耶所藏的二类种子变起现在的五官（根身）、外界（器界）以及现起前七识（所以根身、器界都是阿赖耶识所变现，它们是阿赖耶的相分）。这身心宇宙的变起，叫做“现行”（现在的活动）。于是再由现行熏习名言种子和业种子而有未来的身心宇宙的变现，这就是瑜伽系的“阿赖耶缘起论”。

问：佛教是不承认灵魂的，但是阿赖耶识可否说是变相的灵魂？

答：佛教内部对这个问题也有争论，甚至后来瑜伽系的学者也有删去第七、第八识而只谈六识的。但主张阿赖耶缘起论的人认为阿赖耶不是一个常住不灭的东西，而是永远在迁流变化着的，这与一般灵魂的意义不同。好像远望中的瀑布，看上去以为是一片白布下垂那样，把极其急速而微细的迁流变化的阿赖耶识认作是一个常住不变的“我”（或叫做灵魂）的存在，这是错觉。这个错觉，就是末那识。唯识家的目的仍然是破除我执，把有漏（烦恼）之识转成为无漏之智。

问：瑜伽系除建立了一套完整的唯心论体系之外，还有什么其他建树？

答：佛教的逻辑学——因明，到笈多时代有了很大成就。瑜伽系学者在这方面的贡献特别多。到了6世纪的陈那（Dinnāga）和7世纪的法称（Dhammakītti），因明更为发展。这两人都是瑜伽系的大学者。

问：印度大乘思想除中观、瑜伽两系外，还有其他派系没有？

答：正式形成学派的是中观、瑜伽两系，它们是印度大乘思想的主流。两系之间固然有学说上的争论，两系内部也各有不同流派的发展。此外，也还有不同于两系的思想上的支流，将来有机会再谈。

问：笈多王朝以后的情况怎样？

答：笈多王朝后期（5世纪末）哌哒族（一说是匈奴族，未确。哌哒族又称白匈奴，但与匈奴不是一族）由阿姆河南下，占领印度西北部，建立王国。西北印度佛教受到严重的破坏。印度终因异族的继续入侵，笈多王朝的覆灭，而陷于分裂割据的局面。其时，东印度一个王国西侵中印度，中印度佛教又一度受到破坏。后来中印度伐弹那王朝的戒日王（Śīlāditya）战胜了敌人，并统一了中印度，佛教始稍稍复兴。笈多时代已经开始兴建的那烂陀寺，在伐弹那王朝继续得到增建，规模日益宏大，大乘学者们集中在那里讲学研习，蔚为当时印度最高学府。大约6世纪中叶至7世纪中叶，这一百年左右是那烂陀寺的最盛时期。我国玄奘法师在这里留学时（7世纪30年代），瑜伽系的大论师戒贤（Sīlabhadra）和中观系的大论师智光（Jñānaprabhā）都在那烂陀寺讲学。戒日王曾在他的首都曲女城（Kanyakubja，今名Kanauj）开群众大会召集学者们辩论哲理，可见当时佛教讲学风气之盛。

问：这以后的情况如何？

答：戒日王死后，中印度又陷于混乱局面。当时印度分据各地的王国都崇奉婆罗门教，佛教日益削弱。独有东印度的波罗王朝历代崇信佛教。这个王朝起于7世纪中叶，延续到11世纪末。它统治着摩揭陀以东的地方，那烂陀寺在它的境内，它又在那烂陀附近另建一超戒寺，规模更大。这一时期，密宗逐渐兴盛起来，9世纪以后，更为盛行，但佛教在学术思想方面则逐渐衰落下去。

问：密宗是怎样创立的?

答：密宗，或称为真言陀罗尼宗，或称为密乘（大乘其他宗派相对而称显宗或显乘），传说是龙树开南天竺铁塔，取出秘密经典而传出来的。事实上，自龙树以来，流行的大乘经典中，就杂有密乘的成分（密咒），但独立而成为所谓密宗，则是远在龙树之后的事。

问：真言陀罗尼是什么意思?

答：真言陀罗尼就是密咒。根据密宗的说法，密咒是佛内证的智慧的语言，是能够显示诸法实相的真实语言，所以叫做真言。陀罗尼（Dhāraṇī）的意义是“总持”。密咒的一字一声，总含着无量教法义理，持有着无量威力和智慧，凭仗念诵密咒的威力，可以获得远比显宗迅速而伟大的成就。密宗着重在修习仪轨，按照一定的仪轨，结坛、设供、身结手印、口诵真言、意作观想等等，以求将自己的身、口、意三业，转成佛的身、口、意三密（佛的身、口、意作用微妙不可思议，所以称为三密），这样便可以迅速得到智慧、神通，乃至即身成佛。修习密法还有息灾、增福、降伏等作用。

四臂观音像

（北京艺术博物馆藏品）

问：密宗佛像有许多是多头多手，有的是面貌狰狞，甚至不是人的形状，这是什么道理？

答：密宗的像都是表示一定的意义的，如观音像的四臂六臂表示菩萨行的四摄六度；大威德金刚的三十四臂加上身、口、意表示三十七道品；又如佛座上的莲花表示出离心，月轮表示菩提心，日轮表示空慧（通达一切皆空的智慧）；又如手中执持的种种器具也都是表示佛菩萨的种种誓愿、智慧、功德等；面貌凶猛的一般是金刚（有大威力的神）像，表示降伏魔军的威力和作用。此外，还有其他许多天神的像。

问：密宗是否吸收了许多婆罗门教的内容和形式？

答：是的。从历史来看，佛教最初是反对婆罗门的教义和祭祀仪式的。佛教一度在孔雀王朝成为国教，大行其道，但不久即随王朝的更易而遭到排斥，其后虽得到某些地方王朝的护持，但一般说来是不断受到种种障难的。为了随顺时势与世俗，佛教不得不采取一些“方便”，以推行其教化。同时婆罗门教虽在政治地位上居优势，但由于佛教哲学的发扬，不能不受到刺激而要求改进它的理论。因此双方在互相排斥中的互相影响，便成为自然的趋势。到笈多王朝，婆罗门教梵我论的建立，扩大和增强了它的影响。公元7世纪后期，婆罗门教学者鸠摩梨罗（Kumārila）和商羯罗 （Saṅkara）更吸收佛教的理论而大大发展它的神学，于是婆罗门教便以新的姿态大为兴盛起来（西方学者把这以后的婆罗门教称为印度教），而佛教当时则以人才寥落、相形见绌而日见陵替。适应这样时节因缘而兴起的密宗，在仪式上大量采取“方便”，吸收了婆罗门教的许多东西而加以不同的解释，确是事实。但是在教义上仍是以空、无我的理论为根本的。

问：佛教在印度的最后情况是怎样？

答：从7世纪中叶开始，便有信奉异教的突厥族由中亚细亚侵入印度的西北部。到10世纪后半期，他们逐渐进展到五河地区，并向内地侵略，所到之处，印度原有宗教均受到破坏。到11世纪波罗王朝末期和继起的斯那王朝时期，侵略势力渐达东印度各地。佛教上师们星散避难，多经历尼泊尔、迦湿弥罗等地来到西藏。最后斯那朝王室也改变了信仰，超戒寺等重要学府先后被毁，留存的僧人寥寥无几。于是佛教残余不久便绝迹于印度本土，这大约是在12世纪末叶的时候。

问：近代印度佛教复兴的情况，可否介绍一些？

答：19世纪末期，斯里兰卡一位达摩波罗（Dhammapāla）居士到印度瞻礼佛教圣地，看到那些地方的荒凉景象，他便努力从事复兴印度佛教的事业，于是印度又开始有了佛教的团体和活动。近几十年来，中国、缅甸、日本等国佛教徒也陆续在印度各佛教圣地——菩提伽耶、鹿野苑、拘尸那伽等处建立了一些佛寺。印度人民渐有皈依佛教，而且也有到斯里兰卡出家受戒的，但是为数不多。直到1956年，突然有一个大规模的改宗佛教运动在“不可触种姓”的群众中发生起来，这是近代佛教史上一件大事。原来，有一位安贝德卡尔（B. R.Ambedkar）博士，是印度“不可触种姓”人民的领袖人物。1956年10月，他在那伽浦尔一次群众大会上宣布他改信了佛教，并宣传“人不是神创造的”和“一切众生平等”的佛教教义。参加大会的五十万“不可触者”响应他的号召，同时宣布放弃印度教信仰而皈依佛教。安贝德卡尔于1956年12月突然逝世，但是改宗佛教运动不但没有停止，反而掀起了澎湃浪潮，向印度全国各地发展，成千上万的人相率皈依佛教。据1962年5月《世界佛教》杂志报道，印度七千万“不可触种姓”人民中已经有二千万人改宗佛教。这个运动目前还在继续发展。

第五章 佛教在中国的传播、发展和演变

（一）佛教的传入和经典的翻译

问：佛教是什么时候传入中国的？

答：佛教传入中国的具体时间和年代，现在很难考订。最初传入时，不过在少数人中奉行，未必为上层官府和史官之流所注意。公元前2年，大月氏国（原居我国甘肃的一个强盛的少数民族西迁中亚后建立的国家）国王的使者伊存到了当时中国的首都长安（即今西安），他口授佛经给一个名叫景卢的博士弟子。这是中国史书上关于佛教传入中国的最早的记录。我们可以推断，由于在此一百二十年前汉武帝开辟西域交通的结果，当时由印度传布到中亚细亚的佛教很可能早已通过行旅往来而向东方渐进。也有传说：在与印度阿育王（约公元前272—前226年在位）同时的秦始皇（公元前246—前210年在

位）时代，已有印度的沙门室利房等十八人来到我国咸阳。阿育王时举行第三次结集约在公元前250年，会后派大德赴各国传教，前来中国很有可能。另外，也有认为宋玉《高唐赋》和《史记·始皇本纪》中的“羡门”即沙门，但因无译述学说传世，无从确考。

问：佛教最初传入的年代既是传说纷纭，很难考订，为什么一般公认是开始于汉明帝的求法呢?

答：史籍记载，汉明帝永平七年（64）派遣使者十二人前往西域访求佛法。公元67年他们同了两位印度的僧人迦叶摩腾和竺法兰回到洛阳，带回经书和佛像，开始翻译了一部分佛经，相传就是现存的《四十二章经》，是《阿含经》的节要译本。同时在首都建造了中国第一个佛教寺院，就是今天还存在的白马寺。这个寺据说也是以当时驮载经书佛像的白马而得名。根据这个传说来看，佛教的传入中国虽不始于汉明帝，而佛教作为一个宗教，得到了政府的承认崇信，在中国初步建立了它的基础和规模，可以说是始于汉明帝年代。公元73年班超使西域，以后三十六国内属，西域道路畅通。当时著名科学家和文学家张衡（78—139）写的《西京赋》就提到“桑门”（即沙门），可见那时佛教僧徒的存在已开始成为引起文人学士注意的社会现象了。

问：佛教传入中国的途径除了最初由陆路从西域而到关中之外，有无经由海路到达吴楚的可能？根据汉明帝的弟弟楚王刘英信奉佛教的情况来看，可以证明这一点。

答：我同意这个看法。据史籍的记载看来，当时楚地佛教的传播比起中原，似乎更盛一些。

问：中国佛教什么时候开始有自己的出家佛教徒的？

答：中国很早就有了本国出家佛教徒，汉明帝听许阳成侯刘峻出家是最早的记载。但最初那些僧人仅是从师出家，剃除须发，照戒律生活，还没有受戒的制度；到公元250年来自中印度的昙柯迦罗在洛阳白马寺正式建立戒坛传戒，中国才开始

洛阳白马寺山门

有了如法的比丘。由于没有外国比丘尼到来，最初女人出家为尼的也只是剃发罢了；稍后从大僧受戒，还不具备完全的受戒制度。到公元429年，由斯里兰卡先后来了以铁萨罗为首的十九位比丘尼，才使她们的受戒具备完全的条件。从此，中国才有了如法如律的比丘尼。

问：佛经的翻译始于何时？

答：佛教在中国的弘传是和佛经的翻译事业分不开的。最早的翻译，前面已经提到，摩腾、竺法兰在汉明帝时开始翻译过《四十二章经》，据说还有一些别的经。这就是最早的翻译。

问：以后，汉代还有哪些著名的翻译家？

答：在初期（二三世纪）的译师中，我们不能不提到安息国（在今伊朗一带地方）的安世高，月氏国的支娄迦谶，康居国（在苏联吉尔吉斯地区）的康僧铠、康僧会，和一位有月氏人血统的最

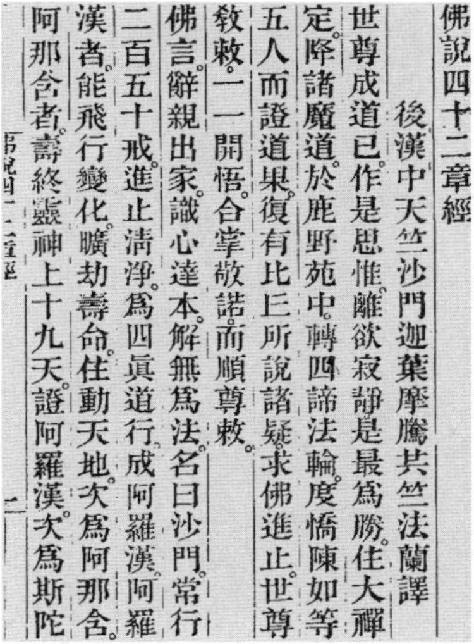

佛說四十二章經
後漢中天竺沙門迦葉摩騰共竺法蘭譯
世尊成道已作是思惟離欲寂靜是最爲勝住大禪定降諸魔道於鹿野苑中轉四諦法輪度憍陳如等五人而證道果復有比丘所說諸疑求佛進止世尊教敕一一開悟合掌敬諾而順尊敕
佛言辭親出家識心達本解無爲法名曰沙門常行二百五十戒進止清淨爲四眞道行成阿羅漢阿羅漢者能飛行變化曠劫壽命住動天地次爲阿那含阿那含者壽終靈神上十九天證阿羅漢次爲斯陀

《四十二章经》书影

早西行求法者之一的中国僧人竺法护，同时还有朱士行于公元260年西行求法。由于他们的努力，不少声闻乘的和大乘的经籍被翻译为汉文。

问：这些译师所传译的经典有什么不同？

答：他们中间主要有两个系统：一是小乘学派，以《阿含经》和“禅数”之学为主，可以安世高为代表；二是大乘学派，以《般若经》和净土信仰为主，可以支娄迦谶为代表。两派同时并行。

释道安像（张总　绘）

问：那时的翻译对后来的佛教有什么影响或作用？

答：当时翻译事业还在初创时期，限于各种条件，还未能进行有计划有系统的翻译，所译的经书很少是全译本，而翻译文体也还没有能够确立，但是他们已经出色地做到了开辟园地的工作，为佛教在中国思想界树立了地位，并且扩大了影响。

问：佛教传入后有不少人研习弘传，中国僧界出现过什么样的重要人物曾促进佛教的发展？

答：佛教在中国的广大流行，开始于4世纪。当时中国僧界道安法师是一位重要人物，是起了很大积极作用的佛教领袖。他是我国最早的热心传教者，曾经派遣徒众到各地大弘佛教。他又是我国第一个僧伽制度建立者。他努力寻求戒律，以补当时律藏不齐全的缺陷，并制定了当时全国风从的僧尼轨范（中国僧人出家后，废除原有姓氏，一律以“释”为姓，是由道安提倡并从他开始的）。他整理了已译出的经典，撰成了中国第一部“经录”；他极力奖励翻译事业，并第一次总结了翻译的经验。在他的主持下，译出了许多重要经论，集中和培养了许多学者和翻译人才，为后来鸠摩罗什的大规模翻译事业准备了有利条件。

问：佛教的确立，首先在于戒律，经过道安的努力，以后还有哪些律部的传译？

答：道安和他的弟子们寻求戒律的热心，对于律藏的充实起了很大的推动作用。道安在世时，已经得到大量的戒本，并且翻译了其中的一部分，可惜那些书已经失传了。之后不久，来自克什米尔的弗若多罗和昙摩流支，先后帮助鸠摩罗什译出了萨婆多部《十诵律》，这部律得到鸠摩罗什的老师卑摩罗叉在江西大为弘扬；佛陀耶舍（也是克什米尔人）在公元410年又译出了昙无德部《四分律》；奉佛音尊者之命，由斯里兰卡来到中国的僧伽跋陀罗译出了《善见律毗婆沙》。5世纪初法显法师游历天竺，主要也是为寻求戒律而去的。法显法师是大家都知道的中国古代伟大的求法者和旅行家，他的不朽的"游记"和其他方面的成就，可能容易令人忽视他最初求律的动机和这方面的成就。他除带回许多书籍外，并且带回了《摩诃僧祇律》和弥沙塞部《五分律》，前者已由他自己和迦毗罗卫国（今尼泊尔）的佛驮跋陀罗译为汉文，后者则在他逝世后由佛陀什（克什米尔人）翻译了出来。另一位伟大的求法者，7世纪的义净，也是抱着学律的志愿而远游的。他带回了而且译出了一切有部的十一种著作，从而使律藏大为完备。因此汉文译出的律藏有《四分律》六十一卷，《一切有部律》一百五十七卷，《十诵律》六十一卷，连同各部的羯磨文和戒本及解释律文的诸论，先后译出而现存的约五百卷。后世中国高僧们关于律部的著作，现存的也有五百卷以上。至于中国比丘戒的传承，在南北朝时期，北方传《四分律》，南朝是《十诵律》。及隋朝统一中国，政治上以北统南，佛教戒律也是这样，从隋代起，一直只传北方昙无德部的《四分律》。藏语系佛教地区向来是传一切有部律，傣族地区则流传着与斯里兰卡、缅甸等国相同的上座部律，与《四分律》（法藏部律）同一源流。

问：关于律藏翻译流传的历史和情况，听到上面所谈，已经知道大概了，请再谈一谈经藏和论藏大规模有系统的翻译是从什么时代、什么人开始的。

答：佛教经论大规模有系统的翻译，应该说是开始于5世纪初的鸠摩罗什。

问：鸠摩罗什的翻译事业比以前有哪些特点？对后来的佛教和中国思想文化起了什么样的作用？

鸠摩罗什塑像
（新疆拜城克孜尔石窟前）

答：鸠摩罗什的翻译事业，有着前人所未有的优越条件，那就是当时政府（姚秦）的大力支持和有在道安影响下产生的具有高度文化修养的一大批义学僧人的辅助。但是他的伟大成就是由于他有丰富的学识和持久的努力。这一位有印度血统、在今天中国西北（新疆库车）出生的智慧卓越的大师，是中印两大民族共同的光荣。他和后来的玄奘法师是翻译事业中两大巨匠，他所译出的三百多卷典籍，不仅是佛教的宝藏，而且也是文学的重要遗产，对中国的哲学思想和文学的影响非常巨大。在他的讲授和指导下，造就了成千的人才，使当时的佛教得到大大的提高和发展。

问：前面说过，鸠摩罗什的翻译是有系统的，不知是属于哪一个系统？

答：就佛学方面来说，鸠摩罗什最重要的贡献是在于对由龙树创立的中观系统典籍的介绍。由于他的努力，这一系的经论著作，如《中论》、《百论》、《十二门论》、《维摩经》、《法华经》、《大品般若经》、《小品般若经》、《金刚经》等，以及《大品般若经》的解释——《大智度论》，都传到中国来，为中国法性宗开辟了广大的基地。其次，鸠摩罗什还译有声闻乘中的一部重要论著——《成实论》，起初与中观三论（或“四论”，加《大智度论》）相辅流行，之后逐渐形成了独立学派，在南北朝期间盛极一时，后人称为成实师。这一学派在声闻乘中是比较接近大乘的一系。

问：鸠摩罗什之后还有哪些著名的翻译大家，又是属于什

么系统？

答：鸠摩罗什的译业进行于公元401—413年间，主要是全面系统地介绍了大乘空宗龙树、提婆的学说。罗什之后，重要译师来者相继，主要经论不断译出。如觉贤于公元418—421年译出《华严经》，昙无谶于公元421年译出《大般涅槃经》，求那跋陀罗于公元443年译出《楞伽经》等。这些经典的译出，对中国佛教义学的发展产生了重大的影响。公元6世纪初（508）菩提流支来华创译大乘有宗无著、世亲一系的论典，其中《十地经论》影响尤大，传习者形成地论师一派（分南北两道）。以后真谛三藏（498—569）于公元546年来华，563年译出无著的《摄大乘论》和世亲的《释论》，564年译出世亲的《俱舍论》，566—567年又重译《俱舍论》。真谛不仅是翻译大家，而且也是一位义学大师。来华日久，擅长中国语言，所译经论，随翻随讲，弟子记述成为义疏，传习之者称为摄论师及俱舍师。真谛到中国后二十余年遭逢兵乱，于颠沛流离中仍能译出一百数十卷重要经论，形成中国佛教的重要义学派别，是罗什以后玄奘以前二百余年中贡献最大的译师。

问：唐代玄奘是传译瑜伽学派的，真谛也是传译瑜伽学派的，对比之下，他们传译瑜伽学有什么不同？

答：据玄奘所传，戒贤生于公元528年，可以推定护法约生于公元530年。而真谛生于公元499年，故真谛长于护法三十余岁。又真谛译有陈那著的《无相思尘论》（即玄奘译的《观所缘缘论》）和《解拳论》（即义净译的《掌中论》）。陈那是世亲的弟子而为护法之师，可见真谛是介于陈那、护法之间的佛教有宗大师。玄奘所传以护法的学说为正义，其门下传述以真谛之学及地论师之说为旧说或旧译，而称玄奘所传为新译。古人（唐灵润）归纳有十四义不同。如旧译认为一切众生悉有佛性，新译则认为有一分无性（佛性）有情；旧译认为佛果理智不二，新译则认为理智各别（即分断、智二果）；旧译于三性中遍计所执及依他起二性俱遮，新译唯遮遍计所执；旧译以缘起之本唯在第八识，新译则八个识及相应心所皆为缘起之本。又真谛译之《转识论》以阿陀那为第七识，新译则以为第八识；真谛所传之摄论宗更立第九识，新译则无此说。总之，新旧两译同属有宗，宗旨相同，因时代先后，各成一家之言，义解稍有差异，也很自然。但真谛所译传之学在隋唐之际的中国佛教界曾激起很大波澜，因而引起了后来玄奘法师到印度去深入研究的动机。真谛来华后至玄奘赴印前的八十余年（546—627）中，印度佛学也经历了剧烈的变化。最初护法和清辨兴起了空有之争，接着月称和清辨又同室操戈而使空宗分成为自续、应成两派，月称又和月官进行了长期的论战，护法的弟子法称也对祖师陈那的因明进行新的改革。学说总归是辨析日精、后胜于前的，玄奘所承之学大体说来是较旧译更为精审的。

问：您说，到印度去深入研究法相瑜伽学的玄奘法师，是不是为大家所知道的那位到西天取经的“唐僧”或“唐三藏”？

答：是的。但“唐僧”、“唐三藏”用在一个人身上却是错误的。唐是当时我国的国号，这两个名词用现代语来说就是中国僧人，中国的三藏法师。对佛教中人，这本来是常识问题，但社会上误解的人太多了，不能不解释一下。

问：那么他的大概事迹请介绍一下好吗？

答：对于人人都知道的玄奘法师，是用不着详细介绍的了。这一位孤征十七载，独行五万里，足迹遍于西域、印度百三十国而且留下一部不朽的游记——《大唐西域记》的伟大旅行家，这一位通达中印文字、洞晓三藏教理、由留学僧而最后主持当时印度最高学府——那烂陀寺的讲席，受到了印度及西域各国国王和僧俗人民欢迎敬重的伟大的佛教学者，他以毕生精力致力于中印文化交流事业，译出经论一千三百三十五卷（约五十万颂），他的系统的翻译规模、严谨的翻译作风和巨大的翻译成果，在中国翻译史上留下了超前绝后的光辉典范。他的成就和贡献不仅在佛教方面，而且在学术方面，都是非常重大的。他不仅比较全面地系统地传译了大乘瑜伽有宗一系的经论，而且把空宗的根本大经——《大般若经》二十万颂也完全翻译过来，又把小乘说一切有部的重要论典几乎全译过来。另外，他又独得印度一位罕有的佛教天才大师护法菩萨的秘传之作，如和会空有两宗的《广百论释》和编入《成唯识论》的《护法正义》，印度都无传本。由此可见，他实际上已成为印度佛学发展到最高峰的首屈一指的集大成者。故在戒日王为他举行的十八日无遮大会上，他高踞狮座，陈义立宗，无人敢出而与他对扬争锋。因此，大乘学者共尊他为“大乘天”（Mahāyānadeva，即大乘的神），为祖国赢得了当时两大文明古国间学术上最高的荣誉。

百余年后，日本僧人金刚三昧（公元818年前后在华）游印时看见中印的僧寺中都画有玄奘所着的麻履（即麻鞋）及所用的匙、箸，以彩云烘托，“每至斋日辄膜拜焉”（见段成式《酉阳杂俎·前集》卷三及《酉阳杂俎·续集》卷二）。可知印度当时佛教界已把玄奘的麻鞋当做佛的足迹一样敬重、供养了。一个学者在外国享到这样高的尊敬，除了各大宗教的教主，历史上尚无第二人。直到现在，日本佛教学者仍然认为玄奘法师这样的人才，只有中国这个伟大民族才能产生出来，玄奘法师确实是我们民族的光荣和骄傲。

问：历史上像玄奘法师这类人物，可否再介绍一二？

答：再举法显和义净法师。前面提到，法显法师于公元399年，以六十五岁高龄发迹长安，涉流沙，逾葱岭，徒步数万里，遍游北印，广参圣迹，学习梵文，抄录经典，历时多年，复泛海至师子国（今斯里兰卡），经耶婆提（今印度尼西亚）而后返国。时年已八十岁，仍从事佛经翻译。他著有《佛国记》，成为重要的历史文献。义净法师稍晚于玄奘，取道南海去印度求法，经时二十五载，凡历三十余国，寻求律藏，遍礼圣迹。回国后翻译经律五十多部二百多卷，撰有《南海寄归传》及《大唐西域求法高僧传》。法显、义净和玄奘法师一样，都是以大无畏的精神，为法忘身，冒九死一生的艰险，为求真理而百折不挠，鲁迅称赞他们为中华民族的脊梁确非过誉。他们为我们伟大民族争得了荣誉，为灿烂的东方文化增添了异彩，为佛教的发扬光大建立了不世出的奇勋。他们是不朽的翻译家、思想家和旅行家，他们对祖国文化的发展和提高都有不可磨灭的贡献。

问：除前面所讲的几点之外，历史上曾有许多人从事佛典的翻译弘传。请谈谈还有哪些著名的代表人物。

答：中国汉语系佛教翻译事业持续了十个世纪（2世纪—11世纪），翻译过来的经、律、论三藏共有一千六百九十余部，六千四百二十余卷，著名的本国和外国来的译师不下二百人。除前面提到的诸人之外，如印度的昙无谶、佛驮跋陀罗、菩提流支，巴基斯坦的阇那崛多和施护，阿富汗的般若，柬埔寨的曼陀罗仙和僧伽婆罗，以及斯里兰卡的弘传密教的不空三藏等都是大家所熟悉的。通过这样多的人持久不懈的辛勤努力，把佛教的声闻乘、性、相、显、密各系统的学说都介绍到中国来，从而形成了中国佛教的巨大宝藏。1954年中国全国文学翻译工作者会议上，作家协会主席茅盾在他的报告中说："我国的翻译事业，是有悠久历史和光荣传统的。我们的先辈在翻译佛经方面所树立的严谨的科学翻译方法及其所达到的卓越成就，值得我们引以为骄傲，并且奉以为典范。"毫无疑问，中国古代的翻译事业，给灿烂的汉民族文化创造了巨大的精神财富，在世界上是无可匹敌的。它是我们足以自豪的优秀文化传统之一。

但是，我们还必须指出常常容易忽略然而非常重要的另外一面。我国自古以来就是一个多民族的大家庭，各个兄弟民族在创造全民族的文化中都作出了重大的贡献和出色的成绩，在佛教方面尤其如此。西藏在吐蕃王朝时期，由于文成和金城两公主的下嫁，引进了盛唐文化和佛教的信仰，并创制了通用至今的文字。到赤松德赞时期，迎请了印度当时最著名的显教学者寂护、莲花戒和密宗大师莲华生等建寺立僧，从事系统的翻译；同时又由沙州和向唐朝请去汉僧传授禅宗，讲经说法。到赤热巴巾（即巴黎可足或彝泰赞普，815—838年在位）时，又迎请印度大德多人和西藏学者一起厘定译名，校正旧有译文，补译大量经论。公元10世纪以后西藏开始了佛教后弘期。直到1203年印度超戒寺及各大寺被入侵军破坏，三四百年间印度和西藏两地传法求法的大德往来不断。

举其最著名者，如出生于孟加拉国的阿底峡尊者（982—1054），是印度当时学德最高的大师，于公元1042年应请至藏，创立迦当派。其学说为后来宗喀巴大师（1357—1419）所继承，创立了格鲁派（即黄教），遍传藏、汉、蒙广大地区。又西藏的玛尔巴曾三度赴印学法，创立了迦举派（即白教），此派在明代曾长期掌握西藏地方政权。世界知名的西藏圣人米拉日巴即此派的第二代祖师。其余译经传法的大德难以备举。自公元8世纪中叶至13世纪中叶五百年间，西藏译出的三藏经籍就已收入《甘珠尔》、《丹珠尔》两藏计算，部数五千九百余种，分量约合三百万颂，约当汉译一万卷。在藏译藏经中重译甚少，故实际内容大大超过汉译藏经。其中尤以空有两宗的论典以及因明、医方、声明的著作和印度晚期流行的密教经论，数量庞大，为汉译所未有。由于藏文翻译照顾到梵语语法的词尾变化和句法结构，因而极易还原为梵语原文，所以受到现代佛学研究者的高度重视。

另外，在清代曾进行满文大藏经的翻译。近代还发现西夏文大藏经以及回鹘文佛经的残卷。还有，我国的傣族文化一向不为人所知，解放后[①]才发现傣族有非常丰富的傣文著作，其中即包含有南传《巴利三藏》的傣文译本。由此可见，我国各族文字的大藏经是人类文化史上极为罕有的巍峨丰碑，其中凝聚了多少世代人的聪明智慧和辛勤劳动，体现了我们民族的坚韧精神和伟大气魄，这是我们可引以自豪的无价的精神宝藏。现在我国决定校勘出版《大藏经》作为古籍整理的重要项目之一。这是我们佛教界值得引以为庆的大喜事，也是国际文化学术界所衷心仰望、企盼已久的大喜事。

（二）佛教各宗派的兴起

问：佛教传入中国，经过长期的弘扬和传播，有哪些发展变化？又有哪些学术成就？

答：随着大量经论的传来，印度佛教各部派思想与我国民

① 即1949年以后。——编者注

族文化相接触，经过长时期的吸收和消化，获得了创造性的发展。公元6世纪末至9世纪中叶的隋唐时期，是中国佛教极盛时期，在这时期，思想理论有着新的发展，各个宗派先后兴起，呈现百花争艳的景象。

问：中国佛教有哪些宗派，可否请简单介绍一下？

答：过去中国佛教出现过许多派别，现在流行的主要有八宗：一是三论宗又名法性宗；二是瑜伽宗又名法相宗；三是天台宗；四是贤首宗又名华严宗；五是禅宗；六是净土宗；七是律宗；八是密宗又名真言宗。这就是通常所说的性、相、台、贤、禅、净、律、密八大宗派。

问：这八宗各有哪些不同的主要宗义，想请您简略地分别介绍一下。首先请问，三论宗为什么要叫“三论”宗，它的主要教义是什么？

答：此宗主要依据鸠摩罗什译的《中观论》、《百论》、《十二门论》研究传习而形成的宗派，因为是依据中观派“三论”立的宗，所以叫做三论宗。它的教义以真俗二谛为总纲，以彻悟中道实相为究竟。

问：什么是真俗二谛？什么叫中道实相？

答：二谛的“谛”字是真实的意思，从法性理体边说的叫真谛，从缘起现象边说的叫世俗谛。从俗谛说事物是有，就真谛说诸法是空，所以真俗二谛也叫空有二谛。色即是空，空即是色，色空不二，真俗不二就是中道，也叫诸法实相，这就是此宗的中心思想。此宗着重从真空理体方面揭破一切世出世间染净诸法缘起无自性、五阴十二处等虚妄不实，彻底破除迷惑，从而建立起无所得的中道观，以求实现其无碍解脱的宗旨。这一宗，实际就是印度龙树、提婆中观学说的直接继承者。

问：瑜伽宗为什么叫瑜伽宗，它的主要教义是什么？

答：瑜伽宗是由印度弥勒、无著、世亲创立的宗派，此宗主要依据有《解深密经》、《瑜伽师地论》、《成唯识论》等。因为是依弥勒说、无著记录整理的《瑜伽师地论》为根本教典而立的宗，所以叫瑜伽宗。我国玄奘法师译传此宗并糅译十师之说为《成唯识论》，故此宗又称法相唯识宗，亦称慈恩宗。它的教义以五法三自性、八识二无我为总纲，以转识成智（转依）为宗旨。

问：什么叫五法三自性、八识二无我？

答：五法是：一名、二相、三分别、四正智、五如如；三自性是：遍计所执性，依他起性，圆成实性；八识是：眼识、耳识、鼻识、舌识、身识、意识、第七末那识、第八阿赖耶识；二无我是：人无我和法无我。五法，是对世出世间一切法的概括；名和相，指世间有为法皆有名有相，称为名相之法；分别，指人们的主观能对事物分别认识；正智，指圣人清净（无漏）实智；如如，指如实智所对真如理境。五法不出染净和主客观，是以总括诸法。三自性：一是二取执著，无而谓有，起惑造业，名遍计所执；二是三界心法，依他缘生，名依他起；三是依他起上除遣二取所显二空真如为圆成实。事物的性质不出此三种，所以叫三自性。八识：识是了别认识的意思，又叫心或意，每个有情都有这种心意识的认识作用，共有八种，就是前面列举的八种识。二无我：每个有情或众生都没有永恒不变的实体（即一般所说的自我或灵魂），叫人无我；客观事物也没有恒常不变的实体（即自性或绝对的真实），叫法无我。二无我也叫做我、法二空。此宗教义深入分析诸法性相，阐明心识因缘体用，修习唯识观行，以期转识成智，成就解脱、菩提二果。此宗由玄奘法师译传而成立，是印度无著、世亲学说的直接继承者。

问：天台宗的主要教义是什么？

答：此宗是以罗什译的《法华经》、《大智度论》、《中论》等为依据，吸收了印度传来的和中国发展的各派思想，重新加以系统地组织而形成的思想体系。因为创始人智顗，住在浙江天台山，所以叫天台宗。它的宗义以五时八教为总纲，以一心三观、三谛圆融为中心思想。

问：什么叫五时？

答：此宗把释迦如来所说的经教，划分为五个不同的时期，称为五时教，就是华严时、阿含时、方等时、般若时、法华涅槃时。五时的名称都是佛经的名称，主张佛陀所说的经教不出这五个时期的范畴，所以叫五时。

问：什么是八教？

答：此宗从教理的内容上把佛教分为浅深不同的四个级别，就是藏教、通教、别教、圆教，称为“化法四教”。藏教是声闻小乘教；通教，通前小乘，通后大乘，通大小乘的大乘初级名为通教；别教是纯大乘教，但分别诸法各别有碍名为别教；圆教是大乘圆融无碍、圆满无缺的法门称为圆教。藏、通、别、圆就是以从浅至深为次第的四教。此宗又从佛陀说法的机感不同，将佛的教法分为顿、渐、秘密、不定四种，称为“化仪四教”。

问：什么叫一心三观和三谛圆融？

答：三观是修行的观法，即空观、假观、中道观。此三观可以于一心中获得，名为一心三观。三谛圆融：真谛、俗谛、中道谛叫做三谛。此三谛举一即三，虽三而常一，说三说一是圆融无碍的，所以叫圆融三谛。一心三观、三谛圆融是圆教的教义，说明诸法无碍，事理圆融。天台宗以自宗为圆教，别的宗属前三教。此宗总结了以前各派的思想，将佛教教义加以精密的调整，发展了大乘圆教理论，展示了中国独创的大乘思想。

问：贤首宗的主要教义是什么？为什么名为贤首宗？

答：此宗以《华严经》为根据，对《华严经》有深入的研究和精辟的阐发，是在前人（三论、天台、慈恩、地论师、摄论师等）学说发展的基础上形成的一个思想体系。创始人是7世纪末的贤首国师（法藏），所以叫贤首宗，又名华严宗。此宗以五教来判摄整个佛教，以六相、十玄、三观为它的中心思想。

问：五教是哪五教？

答：一是小教，即声闻小乘教；二是始教，即大乘开始初级阶段的教义；三是终教，即大乘终极阶段的教义；四是顿教，即大乘中顿超顿悟的法门；五是圆教，即圆满无缺、圆融无碍的理论。此宗把佛教分作浅深不同的五种教义，比前天台宗多加一种顿教，所以称为五教。

问：什么是六相？

答：六相是：总相、别相、同相、异相、成相、坏相。这六相既同时表现在一切事物中，也同时表现在一个事物中。无论在一切事物中或在一个事物中，都是相反相成、同时具足、互融互涉、彼此无碍的，从此可以揭示出法界缘起的道理。

问：什么叫十玄门？

答：十玄门是：（1）同时具足相应门；（2）因陀罗网境界门；（3）秘密隐显俱成门；（4）微细相容安立门；（5）十世隔法异成门；（6）诸藏纯杂具德门；（7）一多相容不同门；（8）诸法相即自在门；（9）唯心回转善成门；（10）托事显法生解门。这十玄门总的意义是显示华严大教关于一切事物纯杂（染净）无碍、一多无碍、三世无碍、同时具足、互涉互入、重重无尽的道理。

问：什么叫三观？

答：一是真空绝相观；二是事理无碍观；三是周遍含融观。六相、十玄、三观的建立，阐发了《华严经》的法界缘起、理事无碍、事事无碍、无尽圆融的教义。六相、十玄是就所观的法界之境说的，圆融三观是约能观之智说的。这种重重无尽、法界圆融的思想，虽说导源于《华严经》，而实际为中国所独创，它的法界缘起、一切无碍的学说大大发展了印度传来的大乘思想。

问：禅宗的教义是什么？禅是什么意思？

答：禅是禅那（Jhāna）的简称，汉译为静虑，是静中思虑的意思，一般叫做禅定。此法是将心专注在一法境上一心参究，以期证悟本自心性，这叫参禅，所以名为禅宗。禅的种类很多，有声闻禅，有菩萨禅，有次第禅，有顿超禅。禅学方面，在中国有一支异军突起，那就是所谓“教外别传”的禅宗。这个宗所传习的，不是古来传习的次第禅，而是直指心性的顿修顿悟的祖师禅。

问：此宗是否也有典籍依据？

答：相传此宗的禅法是在6世纪初由印度的菩提达摩传来的。过去说：禅宗单传心印，不立文字，称为“教外别传”。但初祖达摩以四卷《楞伽经》传于二祖慧可作为印心的准绳，弘忍、慧能又教人诵持《金刚般若》，这样，《楞伽》、《般若》便是此宗的经典依

菩提达摩祖师像
（北京艺术博物馆藏品）

据。以后更有《六祖坛经》和许多“语录”的出现，不能说禅宗没有经典依据。

问：我曾见到过一些寺庙，都叫做某某禅寺，是不是禅宗在中国很兴盛？

答：是的，禅宗在中国是很兴盛的。在8世纪间，此派曾分为南北两宗，北宗神秀（约606—706）一派主张渐修，盛极一时，但不久便衰歇；南宗慧能（638—713）一派主张顿悟，后世尊为六祖，弘传甚盛。从唐到宋，南宗的禅师辈出，在此三四百年中又分为五家七派，可想见其兴旺的景象。此宗和净土宗一样，一直是中国流传最广的宗派。

问：南宗后来的五家七派是哪五家七派？

答：南宗六祖慧能弟子中，有南岳怀让（667—744）和青原行思（？—740）两大支系，由这两大支系又分成五宗七派。从南岳先分出一派名沩仰宗，次又分临济宗。青原行思一系分出三派：曹洞宗、云门宗、法眼宗。由两系分为五宗，以后又从临济宗分出黄龙、杨岐两派，合前五宗名为七派，都曾兴盛一时，经过一段时期有的就衰绝不传了。后来的禅宗只有临济、曹洞两派流传不绝，临济宗更是兴旺。近代所有的禅宗子孙，都是临济、曹洞两家后代。

**问：听说参禅打坐可以健康身体，却病延年，是这样的吗？

答：佛教在修习禅定的过程中，有一些调身调气、息心静坐的方法，是有强健身体、却病延年的作用的，但这不是佛教参禅静坐的目的。佛教修习禅观（包括各宗的修观），是为的制心一处，参究真理，以期显发智慧，彻见法性，此即所谓明心见性，解脱自在。至于静坐气功，只是修禅的形式或基础，却病延寿，也不过是修习禅观实践中的副产品，佛教并不专门提倡这些并以之为目的。但初学静坐的人必须懂得这些调身调气的基本方法，使身心保持健康状态，避免禅病的发生，才能保证修习禅观的顺利进行。

禅定佛像

（山西上华严寺大雄宝殿彩塑）

问：净土宗的宗旨教义是什么？

答：此宗是依《无量寿经》等提倡观佛、念佛以求生西方阿弥陀佛极乐净土为宗旨而形成的宗派，所以名为净土宗。此宗分佛陀说的法门为二道，即难行道和易行道。此宗说别的宗依戒定慧修六度万行，需经三大阿僧祇劫为难行道；说修净土法门一生至诚念佛，临命终时，仗承阿弥陀佛的愿力往生安养净土永不退转为易行道。因此，此宗主张劝人念佛求生西方净土极乐世界。

问：此宗有哪些特点？

答：此宗的特点，简单易行，普能摄受广大群众。修学此宗不一定要通达佛经、广研教乘，也不一定要静坐专修，行住坐卧皆可称念“南无阿弥陀佛”，只要信愿具足，一心念佛，始终不怠，临命终时，就可往生净土。当然平时也要持戒诵经，广行众善以作助行。由于法门简便，所以最易普及。别宗的学者，也多兼修此法，因而使净土法门在中国得到特殊广泛的流行。

问：律宗，顾名思义是着重学习和研究戒律的宗派吧？

答：是的，律宗主要是学习和研究戒律的。由于此一宗的盛行，中国僧人们在修学大乘的戒定慧三学中，仍然重视出家声闻乘的戒律。

问：戒律都有哪些内容？

答：简单地说，戒律有声闻戒、菩萨戒。这里所讲的律宗，是依声闻律部中的《四分律》，由终南山道宣律师一系所立的律宗。就戒条戒相说，有五戒、十戒、具足戒之分。五戒是出家、在家佛弟子共持的戒；十戒、具足戒是出家弟子的戒，这些在前面已经叙述，这里不多重复。各部律藏不止是戒相和制戒因缘，更大的部分是僧团法规、各种羯磨法（会议办事）、出家法、受戒法、安居法、布萨法、衣食法以及日常生活小事，都有详细规定。因为时代的关系，环境的不同，许多戒律的规定早已废弛不行了。菩萨戒有在家菩萨戒、出家菩萨戒。出家菩萨戒如《梵网戒经》有十重四十八轻戒，在家菩萨戒如《优婆塞戒经》有六重二十八轻戒。又总摄菩萨戒为三聚，三聚是三类的意思，称为三聚净戒。一是摄律仪戒，是戒相，是“诸恶莫作”；二是摄善法戒，是“众善奉行”；三是饶益有情戒，是“利益一切众生”。中国主要是大乘佛教，所以这里也简单提一提菩萨戒律。以上是大小乘戒律的内容。

问：《四分律》是声闻戒，八大宗里为什么有小乘宗？

答：《四分律》虽属小乘戒，但其文义通于大乘，自古就有“分通大乘”的说法。中国盛行大乘，以大乘教义解释律藏，摄小入大，就是大乘戒的组成部分，出家菩萨三聚净戒中的摄律仪戒就是以声闻戒为基础的。如杀、盗、淫、妄四根本戒，是大小乘共同遵守的。对于律学的研究，最重要的是善于分辨开、遮、持、犯，就是在出家戒条中，本来是不得触犯的，但在某种情况下可以开许，这叫开；在通常情况下又不得违犯的，就叫遮。在某种情况下，本人也不知是持戒还是犯戒，这就需要研究律学。律师根据律藏分辨清楚确定开、遮、持、犯的界限。在声闻戒中除四根本戒（杀、盗、淫、妄），或者还加十三僧残（尼戒是八根本十七僧残）必须严格遵守，不得违犯外，其他绝大部分的戒条，在特殊情况和必要情况下是可以开许的。例如“非时食”这一条戒，即通常过午就不许吃东西，而在劳作以后就允许吃东西。但如何开许，要依戒律来判定。可见佛教戒律不是死板的，除根本性戒外，都是具有灵活性的。

问：密宗的教义是什么？

答：8世纪时印度的密教，由善无畏、金刚智、不空等传入中国，从此修习传授形成密宗。此宗依《大日经》、《金刚顶经》建立三密瑜伽，事理观行，修本尊法。此宗以密法奥秘，不经灌顶，不经传授不得任意传习及显示别人，因此称为密宗。

问：什么叫三密瑜伽？什么叫本尊法？

答：本尊（S.Satyadevatā，P.saccidevatā）是学者选择自己最敬爱最尊崇的一尊佛、一位菩萨或者一位明王，作为学习成就的对象或榜样，就叫本尊。要成就本尊的所有功德智慧，就要修习三密瑜伽法。三密就是身、口、意三业，瑜伽（yoga）译为相应。三密瑜伽，就是三业相应。与谁相应？就是修行者自己的身、口、意与本尊的身、口、意三业相应。修法时，修行者要身作本尊的姿态，手结印契，口诵本尊真言，意作本尊观想或种子字，务使自己的三业与本尊的三密相应，名为瑜伽修法。此法如果修成，可以即身成就本尊之身。密教的修法很多，这只是举一个例证。此宗最高理论还是以性空无相的法性理体为基础，所谓阿字本不生，不生就是空义。

问：听了您的介绍，我对佛教八宗有了一点简单的了解。八宗以外，还有哪些别的学派？这既称为八大宗派，是不是还有什么小宗派？

答：八宗以外还有以《俱舍论》为主的学派叫俱舍宗，专讲《成实论》的学派称成实宗。成实、俱舍都属小乘教，唐以后不甚流行。八宗之外若加这两派便成十宗。此外，还有弘扬《涅槃经》的涅槃师，专讲《摄大乘论》的摄论师，专讲《十地经论》的地论师。这些学派初兴都曾盛极一时，但为时不久便失去传承，或者汇入其他宗派。

问：各宗派兴起后，在弘传的过程中有些什么样的曲折变化？

答：各宗的发展情况是不平衡的，发展变化也不一样。有的宗派初兴起时流传很盛，而后来渐衰，这就是三论宗。此宗经过陈隋兴皇法朗和嘉祥吉藏的大力弘扬，在陈、隋、初唐时，流传之广，几乎遍及全国，但以后便逐渐衰落。有的起初流传不广，后来却很盛行，如天台宗。此宗在天台智者和章安成宗之后，流传地区仅限于浙江东南一带，师资传承不绝如缕，一百多年后到荆溪湛然始号称中兴。有的宗派一直在发展流传，从未有衰歇过，这便是禅宗。此宗有大成就的人多住在山林中，自耕自食，对于社会的依赖性不大，也不需要太多的典籍，所以虽遭会昌之难，影响不大，一直传承下来，并有很大的发展。有的宗派绝而复苏，很多的宗派都是这样，在会昌灭法之前，各宗先后都已兴起，相比之下，虽各有兴衰的不同，但都同时流行于世。到9世纪后期唐武宗会昌（845）年间灭法，所有的经书佛像毁坏殆尽，各宗的章疏典籍大都丢失无存。10世纪时天台宗的著作又从朝鲜传回来，贤首宗的典籍也恢复一部分。所以从五代以来，天台、贤首二家又算复兴。其余中观、瑜伽以及密宗的许多著作流传域外。到了清末，性、相二宗的章疏才由日本重返故国。近半个多世纪以来，上述八宗都有人研究讲说，有复苏的趋势。总观诸宗历史，隋唐是各宗兴起和极盛时代，会昌法难后，除禅宗外，是诸宗衰亡时代。稍后有天台、贤首的复兴和禅宗的大发展，这可算是佛教复兴的时代，但也没有初唐、中唐那样的盛况。自元代起西藏佛教传入内地，很受朝廷的崇奉，但未普及民间，而汉地原有佛教则不及宋时兴盛。有清一代，汉地佛教没有什么起色，仅可保持原有的余绪。

问：唐末以来，佛教逐渐衰落，直到清代还是如此。但从清以来，佛教似乎有复兴之势，出了不少人才，不知近代佛教有哪些著名人物？

答：近代的佛学提倡者首推杨仁山（1837—1911）。为了培养人才和扩大佛典流通，便利佛学研究，他用了几十年的光

金陵刻经处

杨仁山居士像

阴，致力于讲学和刻经事业。他所创办的金陵刻经处曾经刊印了由日本取回的我国已经遗失的性、相诸宗的重要著作，因而使性、相两宗的教义得以复兴。金陵刻经处同时又是讲学场所，谭嗣同、章太炎等都在那里听过他的讲学。在他的培育影响下产生了一些佛教学者，其中特出的是欧阳竟无居士，专治法相唯识之学。他在南京举办的支那内学院，成为当时法相学的重要研究场所。与欧阳齐名的法相研究的提倡者，有北京三时学会的韩清净居士。

问：听了上面的介绍，了解这几位德高望重的居家大士对于近代佛教的贡献确实巨大，是值得后学称赞学习的。但同时在出家菩萨中有哪些著名高僧弘传佛教？请略为介绍。

答：近代高僧中著名人物有月霞、谛闲、印光、弘一、虚云等，他们分别弘扬贤首、天台、净土、律宗、禅宗。还有积极从事整理僧伽制度，提倡僧伽教育，宣扬大乘精义，发扬佛教文化事业最有力的是圆瑛法师和太虚法师。圆瑛是一位宗说兼通，禅净双修，精研《楞严》的大德，他热爱祖国、热爱佛教，一生讲经、建寺，兴办各种福利事业，奖掖引导后学，不遗余力。太虚是一位教海渊深的佛学通家和弘扬佛教的积极活动家，在他的倡导带领下，涌现了一大批弘法的僧伽人才。他们对我国近代佛教事业的发展作出了不可磨灭的贡献。我国佛教自唐武宗毁法（844）以来义学凋敝，达千余年，经过近百年中僧俗大德学者的努力而渐有起色，这是值得庆幸的。但是，和目前国外的佛教学术研究事业的兴旺情况相比，我们还有很多工作亟待进行。如何恢复我国佛教在盛唐时期波澜壮阔、声华腾蔚的光荣地位，以与祖国当前的伟大时代相适应，还需要佛教界有识有志之士发大愿心，继承先德未竟之业，作出艰苦卓绝的努力。

以上就是中国汉族佛教各宗的兴起、弘传和盛衰变化的大概情况。

（三）少数民族地区的佛教

问：听了您的介绍，知道了汉地佛教的大概轮廓。不知我国西藏佛教是什么时期传入的，是经什么人弘扬起来的？

答：我国藏语系佛教开始于7世纪中叶。当时的西藏松赞干布（Sro-bstan sgam-po）藏王，在他的两个妻子唐文成公主和尼泊尔毗俱胝（Bhṛkuṭi，藏名尺尊Khri-btsun）公主共同的影响下皈依了佛教。他派遣大臣端美三菩提（Thonmi sambhoṭa）等十六人到印度学习梵文和佛经，回来后创造了藏语文字，并开始翻译了一些佛经，到了8世纪中叶，藏王赤松德赞（Khri-sroṅ-lde-btsan）迎请莲华生（Padmasaṃ-bhava）由印度入藏，折服了原来盛行的苯教（Bon-po），佛教于是得到了弘扬。

问：后来发展的情况怎样？

答：莲华生入藏之后，首先建立了桑耶寺，度僧出家，成立僧伽，并请译师从梵文翻译大批佛典，同时也从汉文翻译一些佛经。据现在的登嘎尔目录（布敦认为是赤松德赞王府所编），当时译出的大小显密经律论有七百三十八种（内从汉文转译的三十二种），故当时佛教流传是很兴盛的。但在9世纪中叶，西藏佛教曾一度遭到破坏，即所谓朗达玛灭法，曾有一段时间（842—978）佛教沉寂了。后来由原西康地区再度传入，西藏佛教又得复苏。11世纪时有孟加拉佛教大师阿底峡（Atīśa）入藏（1042），又大弘佛法，同时藏族比丘仁钦桑波（Rin-chen bzaṇ-po，宝贤）等翻译了很多的经论。西藏史上称朗达玛灭法之前为前弘期，之后重兴的佛教为后弘期。

此后，印度的佛教学者，特别是遭遇变乱时期（1203年印度比哈尔省的佛教各大寺庙被入侵军全部毁坏）的那烂陀寺、超戒寺等的学者，来到西藏的很多，传译事业因而很盛，藏文大藏经近六千部中绝大多数是直接由梵文翻译的，少

西藏布达拉宫

数是从汉文转译的。因此，印度后期佛教的论著保存在藏文藏经里的，极为丰富。尤其是因明、声明、医方明等论著数量庞大，非常重要。西藏的佛法以密教最为普遍，最为突出，这是大家所熟知的。在显教方面，西藏格鲁派（黄教）各大寺都推行以因明、俱舍、戒律、中观、瑜伽（现观）五科佛学为中心的教学制度，从玄奘、义净的记载来看，可以说这是继承了当初印度那烂陀寺遗留的学风和规范。

问：前面提到过，我国还有巴利语系佛教，其弘传情况怎样？

答：巴利语系佛教（上座部佛教）流传于我国云南省傣族、布朗族等地区，那里人民的佛教传统信仰与南方佛教国家（泰国、缅甸等）大致相同，属巴利语系佛教。因为他们直接读诵巴利语文经典，所以用不着有翻译之劳。那里，若干世纪来能保持如法如律精进修学的原始佛教的优良传统，还是值得欣喜赞叹的。

问：汉语系佛教有许多宗派建立，藏语系佛教是否也有不同的宗派？

答：藏语系佛教先后也有不同的宗派产生。由于传承、传译、讲说和依据的不同，也逐渐形成了若干大小的教派。有从前弘期传承下来的宁玛派，有阿底峡传给敦巴一系的迦当派，有玛巴译师传给弥拉日巴一系的迦举派，有卓弥译师传给昆宝王一系的萨迦派，有由宗喀巴改革创建的格鲁派（又名嘎登派）。此外还有些传布不广、影响不大的派别，如觉曩派、希结派、觉宇派、霞鲁派等。这些教派，各有他们自己特殊的学说和修持方法。尤其是格鲁派，是14世纪末宗喀巴大师（1357—1419）继承上代的传承，在学说上加以整理和发扬，在僧伽制度上加以整顿和改革而创立的教派——黄教，在当前蒙藏族地区最为盛行。

问：巴利语系佛教在我国是否也有派别的不同？

答：中国巴利语系的佛教也有几个不同的派别，但这些派别只是在持戒律仪方面要求有所不同，而不是学说教义上的派别。

（四）佛教对中国思想文化的影响

问：佛教传来中国将近两千年，思想体系发展演变成十多个派别，可说是学术成果灿烂辉煌，这对中国的思想文化起过什么样的影响和作用？

答：佛教各宗派学说，经过长期的研究和广泛的弘扬，对中国思想界曾起了不可磨灭的影响。举宋明理学为例，很明显，它是在很大程度上受了华严、禅宗和另一部分佛教理论的刺激和影响而产生的，这是思想界公认的历史事实。在晚清时期，中国知识界研究佛学成为一时普遍的风气。一些民主思想启蒙运动者，如谭嗣同、康有为、梁启超、章太炎等学术名流，都采取了佛教中一部分教理来作他们的思想武器。佛教的慈悲、平等、无常、无我的思想，在当时的知识界中起了启发和鼓舞的作用。

问：佛教对文化艺术有什么样的影响，比如说，对中国文学起过什么样的作用？

答：数千卷由梵文翻译过来的经典，本身就是伟大、富丽的文学作品。其中如《维摩诘经》、《法华经》、《楞严经》特别为历代文人们所喜爱，被纯粹地为着文学目的而研读着。我国近代文豪鲁迅曾捐款给金陵刻经处，刻印了一部《百喻经》。这部经所叙的譬喻故事，常常被译为语体文发表在今天的报刊上，作为文学作品来欣赏。佛教为中国的文学带来了许多从来未有的、完全新的东西——新的意境、新的文体、新的命意遣词方法。马鸣的《佛所行赞》带来了长篇叙事诗的典范，《法华》、《维摩》、《百喻》诸经鼓舞了晋唐小说的创作，《般若》和禅宗的思想影响了陶渊明、王维、白居易、苏轼的诗歌创作。

问：佛教对我国文学的发展有所影响已如上说，但不知对中国文体的变化起了哪些作用？

答：为佛化普及的目的而盛行于古代的歌呗产生一种特殊的文学——变文，这就是把佛经内容演为便于讲唱的通俗文词。敦煌石窟发现的各种变文，都是文词酣畅、想象力非常丰富的大众化的文艺作品。从这些作品中，可以看出后来的平话、小说、戏曲等中国俗文学的渊源所自。此外还有由禅师们的谈话和开示的记录而产生的一种特殊文体——语录体，这种朴素而活泼自由的口语文体，后来被宋明理学家仿效而产生了各种语录。此外还有音韵学，如过去中国字典上通行的反切，就是受梵文拼音的影响而发展起来的。总之，佛教在中国文学领域中的表现是丰富多彩的。

问：建塔造像，大家知道，多数来源于佛教，佛教在这方面的艺术成就是举世闻名的，可否请重点介绍一下？

答：随着佛教的传入，建塔造像的艺术很快地便风行于中国各地。现存的上海龙华寺塔和苏州报恩寺塔，都是在公元2世纪三国时代创建而经后人重修的。4世纪到6世纪，全国各地都有壮丽的塔寺建筑。世界闻名的佛教石窟寺，如敦煌、云冈、龙门以及其他同等重要的石窟寺——这些古代雕塑壁画艺术的宝库，西至新疆，东到辽宁，南到江南，都是在这一

洛阳龙门石窟外景

时期开始动工的，随后继续了数世纪之久。在中国，塔的形式很多，大致可归纳为两类：一类是印度式的，但也有许多变化；一类是中国式的，主要是采用中国原有的楼阁形式而建筑的。研究中国建筑艺术，寺塔是其中主要部分。至于佛教造像，在取材与造法上种类也很多，有石窟造像，有木、石、玉、牙的雕刻像，有金、银、铜、铁的铸像，有泥塑像，有锤锞像，有夹纻像，有砖像，有瓷像，有绣像，有画像。它吸收了犍陀罗和印度的作风而发展成为具有中国民族风格的造像艺术，是我国伟大的文化遗产。

问：佛画艺术也很著名，都有哪些类别？

答： 佛教绘画主要是壁画。现存于敦煌石窟中的壁画，供给我们非常丰富的艺术和历史的资料。值得注意的是，最初盛行的佛陀本生故事画，发展到唐代，逐渐为经变画所代替。正如文学中有变文一样，佛画中的经变，也就是将佛经中的故事譬喻演绘成图。如敦煌石窟中的演绘《维摩经》的“维摩变”，演绘净土经的“净土变”等，都是十分精彩生动的伟大作品。经变画的兴起，使壁画内容大为丰富起来，因而唐代佛寺壁画之盛，达到极点。当时名画家辈出，在姓名有记载的数十人中，如阎立本、吴道子等，大多是从事于佛画的。由此可见佛教对当时绘画艺术所起的作用。中国画学中由王维一派的文人画而发展到宋元以后盛行的写意画，则与般若和禅宗的思想很有关系。佛教版画，随着佛经的刊印而很早就产生了，现在所看到的中国最早的版画是在大藏经上面的佛画。房山石经中有唐代的石刻线条佛画，宋元以来的观音画、罗汉画以及水陆画等都是很流行的。

问：佛教是否也有音乐、天文、医药等技艺的传习？

答： 伴随佛教俱来的也有天文、音乐、医药等的传习。1955年我国发行邮票纪念的古代天文学者一行，就是8世纪初的一位高僧，是由印度来华弘传密教的善无畏的弟子。他在天文学方面著有《大衍历》和测定子午线等，对天文学有着卓越的贡献。至于医药，隋唐史书上记载由印度翻译过来的医书和药方就有十余种，藏语系佛教中并且有医方明之学。再说音乐，公元2世纪时，中国已有梵呗的流行。7世纪初，在今缅甸境内的骠国赠送给中国佛曲十种，并派来乐工三十二人。中国唐代的音乐中吸收了天竺乐、龟兹乐、安国乐、康国乐、骠国乐、林邑乐等来自佛教国家的音乐，唐代音乐至今还有少部分保存在某些佛教寺庙中。

问：佛教主张利益众生，不知在社会公益事业中从事哪些种类？有过哪些成就？

答：佛教徒从事公益事业的面是很广泛的，也是多种多样的。如有的僧人行医施药，有的造桥修路，有的掘义井、设义学，有的植树造林，这在古人记载中是屡见不鲜的。特别是植树造林，成就卓越。试看我国各地，凡有佛教塔寺之处，无不翠枝如黛，碧草如茵，环境清幽，景色宜人。一片郁郁葱葱之中，掩映着红墙青瓦、宝殿琼阁，为万里锦绣江山平添了无限春色。我国许多旅游胜地，其风景自然之美与寺僧的精巧建筑和植树造林显然是分不开的。

这些事实说明，佛教在中国不仅其本身发扬光大、开出灿烂的花朵，而且延伸到民族文化的各个领域，结出丰硕的果实。我们佛教徒应该为我们先辈的卓越成就和贡献感到光荣和自豪。他们不仅在佛教事业上，而且在人类文化事业上、人类友好事业上，都建立了不可磨灭的功绩。他们不仅翻译了几千卷的经论和写下了许多不朽的著作，为中国和印度及其他民族留下了宝贵的共同遗产，而且热心地相互传播了各自民族的劳动和智慧的花果，从而丰富了各自民族的文化宝藏。特别是在亚洲各国的友好合作日益恢复发展的今天，我们佛教先辈们辛勤努力所作出的许多历史业绩，不但重新显发了它的光辉，并且继续起着新的积极作用。

（五）发扬人间佛教的优越性

问：佛法教理，博大精深，义理幽玄，文化不高和悟解力差的人很难学习领会。怎样才能使佛法结合人们生活实际，有补于社会道德、精神文明的建设？

答：诚然，佛法博大渊深，不易为人们所了解接受，但也不能一概而论。佛经早已明言，大乘教理不是一般人都能信解的。佛法有浅深程度不同的各种法门，有适应各种根基的修持方法，各乘、各宗、各派都有引摄世间的教法适合一般人的需要，是合理契机的。

问：什么是五乘佛法？什么是世间法和出世间法？

答：人乘、天乘、声闻乘、缘觉乘、菩萨乘这叫五乘。其中后三种叫出世间法，教理深奥，比较难学；前两种人天乘教是世间法。世间法是世人易学而能够做到的，也是应该做到的，前人名之为人间佛教。人间佛教主要内容就是：五戒、十善。五戒是：不杀生、不偷盗、不邪淫、不妄语、不饮酒。佛教认为，这类不道德的行为应该严格禁止，所以称为五戒。十善是在五戒的基础上建立的，约身、口、意三业分为十种。身业有三种：不杀、不盗、不邪淫；口业有四种：不妄语欺骗，不是非两舌，不恶口伤人，不说无益绮语；意业有三种：不贪、不嗔、不愚痴。这就叫十善，反之就叫十恶。

问：不杀生戒，应不许杀好人，假使有杀人放火、罪大恶极、负有命债的坏人，这种人依法应当抵命，难道这种恶人也不许杀他吗？

答：对罪大恶极、负有命债的杀人犯，应当绳之以法。这是因为触犯国家法律，应按法律制裁，而不是哪个人要杀他。法官虽有判决权，那是依法判决，不是法官个人的事。释迦牟尼为弟子制戒，不许弟子们杀生害命，这是就个人说的，同时也是为了避免触犯国家法律。佛陀从来没有说过国家法律对坏人的制裁有什么不对，总是教诫弟子遵守所在国的法律的。这是根本不同的两回事，不能混为一谈。佛教讲因果律时常说：善有善报，恶有恶报，杀人一定要偿命。这就说明了佛教是不会违反世间法律的，而是承认世间法律的。不杀生是这样，不贪、不嗔也是这种精神，若是为国家生财，为人民谋利，这是利益众生的事，是大好事；若是为个人贪财，为私人泄愤而害人，那就为戒律所不许。总之，假使人人依照五戒十善的准则行事，那么，人民就会和平康乐，社会就会安定团结，国家就会繁荣昌盛，这样就会出现一种和平安乐的世界，一种具有高度精神文明的世界。这就是人间佛教所要达到的目的。

问：据闻，大乘佛法说一切众生都能成佛，这种人间佛教和成佛有什么关系？

答：大乘佛教是说一切众生都能成佛，但成佛必须先要做个好人，做个清白正直的人，要在做好人的基础上才能学佛成佛。这就是释迦佛说的："诸恶莫作、众善奉行、自净其意，是诸佛教。"怎样叫学佛？学佛就是要学菩萨行，过去诸佛是修菩萨行成佛的，我今学佛也要修学菩萨行。

问：什么是菩萨行？

答：菩萨行总的来说是上求佛道，下化众生，是以救度众生为己任的。修学菩萨行的人不仅要发愿救度一切众生，还要观察、认识世间一切都是无常无我的，要认识到整个世间，主要是人类社会的历史，是种不断发生发展、无常变化、无尽无休的洪流。这种迅猛前进的滚滚洪流，谁也阻挡不了，谁也把握不住。菩萨觉悟到，在这种无常变化的汹涌波涛中顺流而下没有别的可做，只有诸恶莫作、众善奉行、庄严国土、利乐有情，这样才能把握自己，自度度人，不被无常变幻的生死洪流所淹没，依靠菩萨六波罗蜜的航船，出离这种无尽无边的苦海。《华严经》说，菩萨以“一切众生而为树根，诸佛菩萨而为花果，以大悲水饶益众生，则能成就诸佛菩萨智慧花果”。又说，“是故菩提属于众生，若无众生，一切菩萨终不能成无上正觉”。所以，只有利他才能自利，这就是菩萨以救度众生为自救的辩证目的，这就是佛教无常观的世界观和菩萨行的人生观的具体实践，这也是人间佛教的理论基础。

问：什么是六波罗蜜？

答：布施、持戒、忍辱、精进、静虑、智慧六种就叫六波罗蜜，也叫六度。这六度是菩萨万行的纲领。

问：请略解说六波罗蜜的内容和意义。

答：根据佛陀的教导，修学菩萨行的佛弟子，不但不贪求分外的财物，还要以自己的财法施给别人，这叫布施；一切损害别人、不道德的行为严禁去做，这叫持戒；不对他人起嗔害心，有人前来嗔害恼我，应说明情况，要忍辱原谅，这叫忍辱；应该做的事情要精勤努力去做，这叫精进；排除杂念，锻炼意志，一心利益众生，就叫静虑；广泛研习世出世间一切学问和技术，就叫智慧。这六种法门通常也叫做六度。这六件事做到究竟圆满就叫波罗蜜，波罗蜜意为事究竟，也叫到彼岸，古译为度。佛陀叫弟子依这六波罗蜜为行动准则以自利利人，就叫菩萨行。菩萨以此六波罗蜜作为舟航，在无常变化的生死苦海中自度度人，功行圆满，直达涅槃彼岸，名为成佛。菩萨成佛即是得大解脱、得大自在，永远常乐我净。这就是大乘佛教菩萨行的最后结果。菩萨成佛之前，学佛度众生，以度众生为修行佛道的中心课题，成佛之后还是永远地在度众生，这就是大乘佛教的中心思想。菩萨行的人间佛教的意义在于：果真人人能够学菩萨行，行菩萨道，且不说今后成佛不成佛，就是在当前使人们能够自觉地建立起高尚的道德品行，积极地建设起助人为乐的精神文明，也是有益于国家社会的，何况以此净化世间，建设人间净土！

问：您对今后佛教前途的发展是怎样看的？

答：存在了将近两千年的中国佛教，是拥有内容丰富、绚丽多彩的文化遗产的。论它的典籍文化，论它的成绩经验，论它的国际影响，无论作为宗教或学术来看待，中国佛教在全人类的文化发展和文明进步的历史中都有不容忽视的地位。但是另一方面，由于过去长期的衰落，中国佛教也存在着不少的缺点和局限。如何克服历史所给予的污染和困难，积极发扬自己的优良传统，主要在于当前中国佛教徒本身的努力。如培养传灯人才，管好重点寺庙，开展学术研究和国际交流等等，都是要立即抓好的大事。我们是共产党领导的社会主义国家，党和政府保护宗教信仰自由政策是长期不变的，坚定不移的，毫不含糊的。1949年以后，中国佛教从奄奄一息的状态中得到复苏和发展，宝镜重光，法炬复燃，像设严饰，气象万千。尤其是1979年以来，一切恢复整顿工作顺利进行，在近二十年中取得了有目共睹的巨大成绩。

抚今思昔，我深为中国佛教庆，深为中国佛教徒庆。我深信，作为灿烂的民族古典文化的绚丽花朵，作为悠久的东方精神文明的巍峨丰碑，中国佛教必将随着祖国建设事业的发展而发展，并在这一伟大事业中，为庄严国土，为利乐有情，为世界人类的和平、进步和幸福作出应有的贡献。瞻望未来，前程似锦，春回大地，万卉争妍，佛教的前途是无限光明的。

国家新闻出版广电总局

首届向全国推荐中华优秀传统文化普及图书

大家小书书目

国学救亡讲演录	章太炎　著　蒙　木　编
门外文谈	鲁　迅　著
经典常谈	朱自清　著
语言与文化	罗常培　著
习坎庸言校正	罗　庸　著　杜志勇　校注
鸭池十讲（增订本）	罗　庸　著　杜志勇　编订
古代汉语常识	王　力　著
国学概论新编	谭正璧　编著
文言尺牍入门	谭正璧　著
日用交谊尺牍	谭正璧　著
敦煌学概论	姜亮夫　著
训诂简论	陆宗达　著
金石丛话	施蛰存　著
常识	周有光　著　叶　芳　编
文言津逮	张中行　著
经学常谈	屈守元　著
国学讲演录	程应镠　著
英语学习	李赋宁　著
中国字典史略	刘叶秋　著
语文修养	刘叶秋　著
笔祸史谈丛	黄　裳　著
古典目录学浅说	来新夏　著
闲谈写对联	白化文　著
汉字知识	郭锡良　著
怎样使用标点符号（增订本）	苏培成　著
汉字构型学讲座	王　宁　著

诗境浅说	俞陛云　著
唐五代词境浅说	俞陛云　著
北宋词境浅说	俞陛云　著
南宋词境浅说	俞陛云　著
人间词话新注	王国维　著　滕咸惠　校注
苏辛词说	顾　随　著　陈　均　校
诗论	朱光潜　著
唐五代两宋词史稿	郑振铎　著
唐诗杂论	闻一多　著
诗词格律概要	王　力　著
唐宋词欣赏	夏承焘　著
槐屋古诗说	俞平伯　著
词学十讲	龙榆生　著
词曲概论	龙榆生　著
唐宋词格律	龙榆生　著
楚辞讲录	姜亮夫　著
读词偶记	詹安泰　著
中国古典诗歌讲稿	浦江清　著 浦汉明　彭书麟　整理
唐人绝句启蒙	李霁野　著
唐宋词启蒙	李霁野　著
唐诗研究	胡云翼　著
风诗心赏	萧涤非　著　萧光乾　萧海川　编
人民诗人杜甫	萧涤非　著　萧光乾　萧海川　编
唐宋词概说	吴世昌　著
宋词赏析	沈祖棻　著
唐人七绝诗浅释	沈祖棻　著
道教徒的诗人李白及其痛苦	李长之　著
英美现代诗谈	王佐良　著　董伯韬　编
闲坐说诗经	金性尧　著
陶渊明批评	萧望卿　著

古典诗文述略　　吴小如　著
诗的魅力
——郑敏谈外国诗歌　　郑　敏　著
新诗与传统　　郑　敏　著
一诗一世界　　邵燕祥　著
舒芜说诗　　舒　芜　著
名篇词例选说　　叶嘉莹　著
汉魏六朝诗简说　　王运熙　著　董伯韬　编
唐诗纵横谈　　周勋初　著
楚辞讲座　　汤炳正　著
汤序波　汤文瑞　整理
好诗不厌百回读　　袁行霈　著
山水有清音
——古代山水田园诗鉴要　　葛晓音　著

红楼梦考证　　胡　适　著
《水浒传》考证　　胡　适　著
《水浒传》与中国社会　　萨孟武　著
《西游记》与中国古代政治　　萨孟武　著
《红楼梦》与中国旧家庭　　萨孟武　著
《金瓶梅》人物　　孟　超　著　张光宇　绘
水泊梁山英雄谱　　孟　超　著　张光宇　绘
水浒五论　　聂绀弩　著
《三国演义》试论　　董每戡　著
《红楼梦》的艺术生命　　吴组缃　著　刘勇强　编
《红楼梦》探源　　吴世昌　著
《西游记》漫话　　林　庚　著
史诗《红楼梦》　　何其芳　著
王叔晖　图　蒙　木　编
细说红楼　　周绍良　著
红楼小讲　　周汝昌　著　周伦玲　整理

曹雪芹的故事	周汝昌　著　周伦玲　整理
古典小说漫稿	吴小如　著
三生石上旧精魂 ——中国古代小说与宗教	白化文　著
《金瓶梅》十二讲	宁宗一　著
中国古典小说十五讲	宁宗一　著
古体小说论要	程毅中　著
近体小说论要	程毅中　著
《聊斋志异》面面观	马振方　著
《儒林外史》简说	何满子　著
我的杂学	周作人　著　张丽华　编
写作常谈	叶圣陶　著
中国骈文概论	瞿兑之　著
谈修养	朱光潜　著
给青年的十二封信	朱光潜　著
论雅俗共赏	朱自清　著
文学概论讲义	老　舍　著
中国文学史导论	罗　庸　著　杜志勇　辑校
给少男少女	李霁野　著
古典文学略述	王季思　著　王兆凯　编
古典戏曲略说	王季思　著　王兆凯　编
鲁迅批判	李长之　著
唐代进士行卷与文学	程千帆　著
说八股	启　功　张中行　金克木　著
译余偶拾	杨宪益　著
文学漫识	杨宪益　著
三国谈心录	金性尧　著
夜阑话韩柳	金性尧　著
漫谈西方文学	李赋宁　著
历代笔记概述	刘叶秋　著

周作人概观	舒　芜　著
古代文学入门	王运熙　著　董伯韬　编
有琴一张	资中筠　著
中国文化与世界文化	乐黛云　著
新文学小讲	严家炎　著
回归，还是出发	高尔泰　著
文学的阅读	洪子诚　著
中国文学1949—1989	洪子诚　著
鲁迅作品细读	钱理群　著
中国戏曲	么书仪　著
元曲十题	么书仪　著
唐宋八大家——古代散文的典范	葛晓音　选译

辛亥革命亲历记	吴玉章　著
中国历史讲话	熊十力　著
中国史学入门	顾颉刚　著　何启君　整理
秦汉的方士与儒生	顾颉刚　著
三国史话	吕思勉　著
史学要论	李大钊　著
中国近代史	蒋廷黻　著
民族与古代中国史	傅斯年　著
五谷史话	万国鼎　著　徐定懿　编
民族文话	郑振铎　著
史料与史学	翦伯赞　著
秦汉史九讲	翦伯赞　著
唐代社会概略	黄现璠　著
清史简述	郑天挺　著
两汉社会生活概述	谢国桢　著
中国文化与中国的兵	雷海宗　著
元史讲座	韩儒林　著

魏晋南北朝史稿	贺昌群　著
汉唐精神	贺昌群　著
海上丝路与文化交流	常任侠　著
中国史纲	张荫麟　著
两宋史纲	张荫麟　著
北宋政治改革家王安石	邓广铭　著
从紫禁城到故宫 ——营建、艺术、史事	单士元　著
春秋史	童书业　著
明史简述	吴　晗　著
朱元璋传	吴　晗　著
明朝开国史	吴　晗　著
旧史新谈	吴　晗　著　习　之　编
史学遗产六讲	白寿彝　著
先秦思想讲话	杨向奎　著
司马迁之人格与风格	李长之　著
历史人物	郭沫若　著
屈原研究（增订本）	郭沫若　著
考古寻根记	苏秉琦　著
舆地勾稽六十年	谭其骧　著
魏晋南北朝隋唐史	唐长孺　著
秦汉史略	何兹全　著
魏晋南北朝史略	何兹全　著
司马迁	季镇淮　著
唐王朝的崛起与兴盛	汪　篯　著
南北朝史话	程应镠　著
二千年间	胡　绳　著
论三国人物	方诗铭　著
辽代史话	陈　述　著
考古发现与中西文化交流	宿　白　著
清史三百年	戴　逸　著

清史寻踪	戴　逸　著
走出中国近代史	章开沅　著
中国古代政治文明讲略	张传玺　著
艺术、神话与祭祀	张光直　著
	刘　静　乌鲁木加甫　译
中国古代衣食住行	许嘉璐　著
辽夏金元小史	邱树森　著
中国古代史学十讲	瞿林东　著
历代官制概述	瞿宣颖　著
宾虹论画	黄宾虹　著
中国绘画史	陈师曾　著
和青年朋友谈书法	沈尹默　著
中国画法研究	吕凤子　著
桥梁史话	茅以升　著
中国戏剧史讲座	周贻白　著
中国戏剧简史	董每戡　著
西洋戏剧简史	董每戡　著
俞平伯说昆曲	俞平伯　著　陈　均　编
新建筑与流派	童　寯　著
论园	童　寯　著
拙匠随笔	梁思成　著　林　洙　编
中国建筑艺术	梁思成　著　林　洙　编
沈从文讲文物	沈从文　著　王　风　编
中国画的艺术	徐悲鸿　著　马小起　编
中国绘画史纲	傅抱石　著
龙坡谈艺	台静农　著
中国舞蹈史话	常任侠　著
中国美术史谈	常任侠　著
说书与戏曲	金受申　著
世界美术名作二十讲	傅　雷　著

中国画论体系及其批评	李长之　著
金石书画漫谈	启　功　著　赵仁珪　编
吞山怀谷 ——中国山水园林艺术	汪菊渊　著
故宫探微	朱家溍　著
中国古代音乐与舞蹈	阴法鲁　著　刘玉才　编
梓翁说园	陈从周　著
旧戏新谈	黄　裳　著
民间年画十讲	王树村　著　姜彦文　编
民间美术与民俗	王树村　著　姜彦文　编
长城史话	罗哲文　著
天工人巧 ——中国古园林六讲	罗哲文　著
现代建筑奠基人	罗小未　著
世界桥梁趣谈	唐寰澄　著
如何欣赏一座桥	唐寰澄　著
桥梁的故事	唐寰澄　著
园林的意境	周维权　著
万方安和 ——皇家园林的故事	周维权　著
乡土漫谈	陈志华　著
现代建筑的故事	吴焕加　著
中国古代建筑概说	傅熹年　著
简易哲学纲要	蔡元培　著
大学教育	蔡元培　著 北大元培学院　编
老子、孔子、墨子及其学派	梁启超　著
春秋战国思想史话	嵇文甫　著
晚明思想史论	嵇文甫　著
新人生论	冯友兰　著

中国哲学与未来世界哲学	冯友兰　著
谈美	朱光潜　著
谈美书简	朱光潜　著
中国古代心理学思想	潘　菽　著
新人生观	罗家伦　著
佛教基本知识	周叔迦　著
儒学述要	罗　庸　著　杜志勇　辑校
老子其人其书及其学派	詹剑峰　著
周易简要	李镜池　著　李铭建　编
希腊漫话	罗念生　著
佛教常识答问	赵朴初　著
维也纳学派哲学	洪　谦　著
大一统与儒家思想	杨向奎　著
孔子的故事	李长之　著
西洋哲学史	李长之　著
哲学讲话	艾思奇　著
中国文化六讲	何兹全　著
墨子与墨家	任继愈　著
中华慧命续千年	萧萐父　著
儒学十讲	汤一介　著
汉化佛教与佛寺	白化文　著
传统文化六讲	金开诚　著　金舒年　徐令缘　编
美是自由的象征	高尔泰　著
艺术的觉醒	高尔泰　著
中华文化片论	冯天瑜　著
儒者的智慧	郭齐勇　著

中国政治思想史	吕思勉　著
市政制度	张慰慈　著
政治学大纲	张慰慈　著
民俗与迷信	江绍原　著　陈泳超　整理

政治的学问	钱端升　著　钱元强　编
从古典经济学派到马克思	陈岱孙　著
乡土中国	费孝通　著
社会调查自白	费孝通　著
怎样做好律师	张思之　著　孙国栋　编
中西之交	陈乐民　著
律师与法治	江　平　著　孙国栋　编
中华法文化史镜鉴	张晋藩　著
新闻艺术（增订本）	徐铸成　著
经济学常识	吴敬琏　著　马国川　编
中国化学史稿	张子高　编著
中国机械工程发明史	刘仙洲　著
天道与人文	竺可桢　著　施爱东　编
中国医学史略	范行准　著
优选法与统筹法平话	华罗庚　著
数学知识竞赛五讲	华罗庚　著
中国历史上的科学发明（插图本）	钱伟长　著

出版说明

“大家小书”多是一代大家的经典著作，在还属于手抄的著述年代里，每个字都是经过作者精琢细磨之后所拣选的。为尊重作者写作习惯和遣词风格、尊重语言文字自身发展流变的规律，为读者提供一个可靠的版本，“大家小书”对于已经经典化的作品不进行现代汉语的规范化处理。

提请读者特别注意。

北京出版社